聞一多

情书全集

【图文珍藏本】

闻一多 著
闻铭 编注
张瑞霞 整理

中国青年出版社

图书在版编目（CIP）数据

闻一多情书全集 : 图文珍藏本 / 闻一多著 ; 闻铭编注 ; 张瑞霞整理. — 北京 : 中国青年出版社，2023.1

ISBN 978-7-5153-6808-5

I. ①闻… II. ①闻… ②闻… ③张… III. ①闻一多（1899-1946） – 书信集 IV. ①K825.6

中国版本图书馆CIP数据核字（2022）第208936号

书　　名：闻一多情书全集（图文珍藏本）
著　　者：闻一多
编　　注：闻　铭
整　　理：张瑞霞
责任编辑：张佳莹　庄庸
出版发行：中国青年出版社
社　　址：北京市东城区东四十二条21号
网　　址：www.cyp.com.cn
编辑中心：010-57350322
营销中心：010-57350370
经　　销：新华书店
印　　刷：北京中科印刷有限公司

规　　格：787×1092mm　1/16
印　　张：14.25
字　　数：165千字
插　　页：2
版　　次：2023年1月北京第1版
印　　次：2023年1月北京第1次印刷
印　　数：1—5000册
定　　价：68.00元

闻一多（1899 ~ 1946）

高孝贞（1903 ~ 1983）。摄于20世纪40年代，昆明司家营

闻一多（后排左二）与高孝贞（二排左一）结婚时，全家在湖北老宅门前留影

闻一多在芝加哥美术馆前留影

1928 年，高孝贞与长子闻立鹤于南京留影

七七事变后，闻一多全家避居武昌。图为闻一多在武昌家门前与妻儿合影

闻一多在石林

1940年10月，闻一多全家迁往昆明北郊大普吉镇。图为闻一多与长子闻立鹤、长女闻名[1]在大普吉桥头留影

①闻名：闻一多长女，本名闻名，新中国成立后，将身份证上的名字写为闻铭，特此说明。全书内文统一用“闻名”。

闻一多。摄于 1946 年 6 月，昆明西仓坡西南联合大学教职员宿舍院内

全家合影。摄于 1946 年 6 月，昆明西仓坡西南联合大学教职员宿舍院内。左起：闻立鹏、闻一多、闻立鹤、高孝贞、闻惠羽、闻名、赵妈（老保姆）、闻立雕

闻一多与夫人高孝贞在昆明西仓坡西南联合大学教职员宿舍宅前自种的西红柿地前

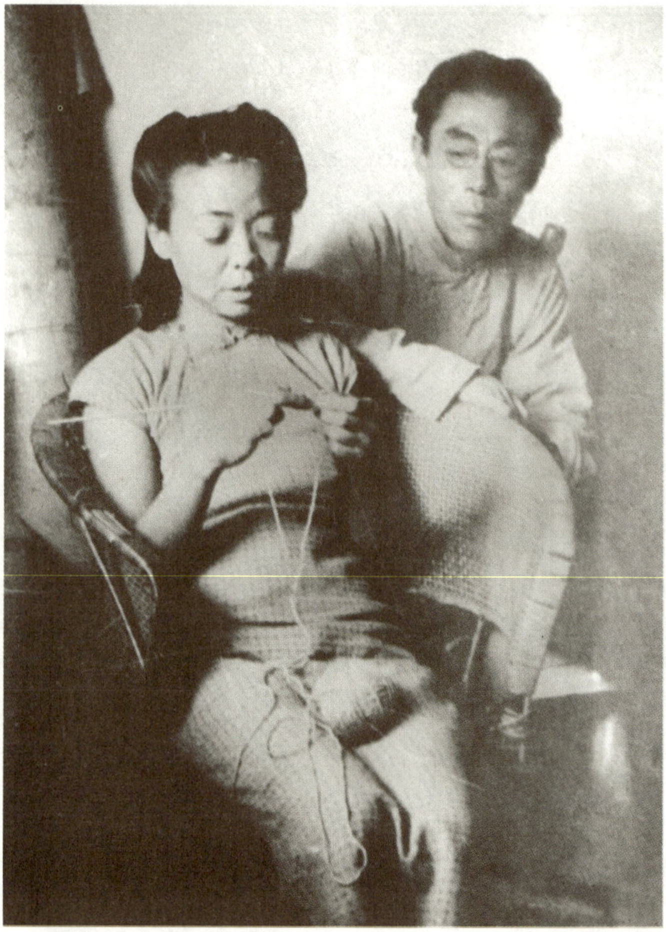

闻一多与夫人高孝贞。摄于1946年6月，昆明西仓坡西南联合大学教职员宿舍宅内

晚年的闻一多夫人高真（高孝贞）。摄于北京地安门帽儿胡同院内

归国前夕，闻一多创作了《醒呀》《洗衣歌》《南海之神——中山先生颂》《七子之歌》等充满了强烈爱国感情的诗歌。1999年澳门回归祖国，闻一多的《七子之歌》唱响神州大地。图为庆祝澳门回归，闻一多后代举行家祭时的全家照

目 录

第贰章
暂别愁断肠 / 47

下篇　爱的表白

第叁章
家书中不忘牵挂 / 115

前言

“闻一多先生为民主运动贡献了他的生命，他是一个斗士，但他又是一个诗人和学者，这三重人格集中在他身上，因时期的不同或隐或现……然而他始终不失为一个诗人，而在诗人和学者的时期，他也始终不失为一个斗士……。”

父亲殉难后，清华大学组建“整理闻一多先生遗著委员会”，整理编定了四卷集《闻一多全集》，于1948年出版。主编朱自清先生在序言中这样精辟地概括了闻一多的生平。

全国解放后，特别是党的十一届三中全会后，闻一多研究得以顺利开展，有关其著述及生平的资料也搜集得更全。因应形势需要，武汉大学闻一多研究室在上述《全集》基础上整理扩编成新版十二卷集《全集》，于1993年12月出版。在序言中进一步阐明了闻一多的历史贡献及地位：

“闻一多是在近现代中西文化大交汇、大碰撞中成长起来的一位学贯中西、博古通今的大家，他首先是以独具特色的诗人闻名于世的……”“闻一多的成就并不限于新诗创作和提倡新诗格律化理论，他在古代文学研究和古代文化研究方面所取得的创造性的巨大成就，引起了学术思想界更为强烈和普遍的震动。……后来他走出书斋，投身民主运动时，能够具有那样强大而普遍的影响力、号召力，同样是和他在新诗创作及古代文学研究方面的卓越成就分不开的。”

近些年来“闻一多研究”更是取得长足发展，有关的学术研讨及纪念活动不仅在国内，也扩展到了国外。随着研究的拓展和深入，对闻一多的认识也更加深入全面。除诗人、学者、民主斗士外，艺术家和教育家的形象也日益鲜明。

但在所有这些研究中，少有涉及他的婚姻和爱情，即便有涉及也多系推论或臆造，个别的甚至是歪曲和抹黑。

为什么会出现后面这种状况？原因恐怕只有一个——闻一多的婚姻是包办婚姻。

正如一处气势恢宏、意境深远的胜景，人们在这里看到了巍峨的高山、苍翠的林木，听到了潺潺的流水，却寻不见芳草和鲜花，只在风景线后面见到一扇门——掩着的门。许多人流连于山水间，却止步于这扇门前，另些人戴着有色眼镜，臆想着门内的景象，还有的干脆在这扇门上任意涂抹，甚至泼污！

但是，人们不知道，推开这扇门，里面竟是芳草萋萋，鲜花遍野。小径虽有曲折，却曲径通幽，别有洞天！正是这处别有气象的所在，给整处山水带来了一种特殊的感染力！

今天这本闻一多情书集，正是要带领人们进入这片洞天，去领略里面别具一格的意境。

父亲集多种才智于一身，他感情热烈奔放，又深沉严谨。在男女情爱上，不仅通过书信，还以诗歌、美术等多种艺术形式来传达。有的艺术形式，如室内设计，现虽已无实物可寻，但从母亲和同时代人的一些回忆中，仍能直观生动地感受到其中所包含的情意。这里也适当撷取了一些此类忆文。因此，这部情书集不是狭义上的书简，而是广义上的情书。

遗憾的是，父亲当年写给母亲的信很多，但绝大部分都被家中老人没收或撕毁了，今天所能搜集到的只是一小部分。不过，在他给家人的信中，也常附有对妻的知心话，加上这一部分，已足以从中品味到芳草的绿意和鲜花的芳香了。

一、伤茎上的蓓蕾

闻一多（1899年11月24日～1946年7月15日），族名家骅，出生于湖北浠水县下巴河的一个书香世家。据族谱记载，这个家族是南宋民族英雄文天祥的一支后裔。文天祥就义后，族人中有一支潜逃至湖北蕲水[①]，改文姓为闻。闻家世代相传这段族史，并衷心崇敬一身正气的先祖信国公。父亲自幼便以此来激励自己。

闻家历代重视子孙教育，父亲早年在自传中曾写道："先世业儒，大父尤嗜书，尝广鸠群籍，费不赀，筑室曰'绵葛轩'，延名师傅诸孙十余名于内。”曾祖父还仿照新学堂给家塾起名为“绵葛轩小学”，不仅教诗云子曰，也教一些国文、历史、博物、修身之类的新编课本。我们的祖父闻廷政（字邦本）是清末秀才，他较早地接受了新时代潮流的影响，家中子弟在辛亥革命前就能阅读到《东方杂志》和《新民丛刊》之类的书刊了。尤其是他能顺应历史潮流，不把儿子们拴在家中守业，而主张送他们出去学习新的文化科学知识，掌握新本领。父亲13岁时，他便为其报考了留美预备学校清华学校。

虽然如此，老人仍视封建纲常为天理常规，在家族中不仅固守着“男尊女卑”的旧礼教，而且在儿女婚姻问题上坚持由父母做主。父亲幼年时他便为其订下了婚姻大事。

我母亲高真，原名高孝贞（1903年8月26日～1983年11月13日），也出身于大族。先祖在明朝开朝时立有战功，曾受到皇帝亲授的奖赏。这个家族每逢年节都要挂上祖先业绩以激励子孙后代。

外祖父早年就学于京师法政学堂，曾任过知县、垦务局坐办、船舶事务局局长、高等法院推事等职。由于长年在外，见识较广，思想也较开明。他主张女孩进学堂，不缠足，还出资送胞弟去日本留学。在和闻家的交往中，他很早就看中了父亲的聪明才智，决心将女儿许配给他。两家在两个孩子幼年时，就为他们包办下了终身大事。

闻高两家本是亲戚，过往较密。闻家几代婆媳里都有来自高夫人刘氏家族的女子。我的祖母与外祖母就是同堂姐妹[②]。父亲幼时还时而去九舅家玩耍，一次还在那里遇见了母亲，这次巧遇给两人都留下了深刻印象。后来在新婚之夜，父亲还对母亲打趣道："你那时为么事要跑走啊？"

1912年，父亲13岁，考入了清华学校。在清华园里，他如饥似渴地吸收着新的科学文化知识，并兴致勃勃地参加各种课外活动。入校不久他就成了园内的诗人和艺术家。

那个年代正是国家内忧外患、民族危机空前严重的时期，列强的欺凌和军阀混战使祖国苦难重重。父亲与同时代一些热血青年一样，很早就怀有一种深沉的国士感、宇宙感和人生感。在努力吸取科学文化知识的同时，也思考着多难的祖国与个人的关系，悠悠的宇宙与人生的关系。在他青春的欢乐中时时产生"一知半解的少年愁"（闻一多《园内》），一种对国家、民族命运的忧患情绪。他曾满怀豪情壮志，在长诗《提灯会》中高呼："何当效春雷，高鸣振聋痴。"

1919年五四运动爆发，他怀着炽热的爱国热情投入运动，并被选为学生代表团成员之一，六月又作为清华学生代表之一出席了在上海召开的全国学联成立大会。

在忧国忧民的同时，他也一直在关注着中国妇女的命运，关注着自家姐妹们的生活。对于关系到自己未来的表妹，这种关切自然更加强烈。

1922年父亲毕业留美前夕，接到祖父来信令其回乡与表妹完婚。对于这桩婚事，他最初是痛苦抵制的。他成长于五四时代，追求的是个性解放，向往的是自由恋爱。他虽和表妹不完全陌生，也一直关心她的成长，但二人毕竟是生疏的，就像隔着一道漫漫长河，河对岸是一片迷蒙。

但他最终接受了这门婚事！这其中虽有孝道的成分，却并不像某些评论所说，是一种妥协和怯懦的表现。恰恰相反，这里正体现出一种博大的爱！

在家族中，祖父虽有某些开明之处，但仍是一位封建礼教的卫道者，家中女性永远处于卑下地位。在这种道德规范下，父亲的几个姐妹境遇都十分凄惨。父亲自幼就对男尊女卑的现象深恶痛绝，为家中姐妹们的悲惨遭遇鸣不平。如今他不想表妹也步她们的后尘。正如他在《红烛》一诗中所写："红烛啊！你流一滴泪，灰一分心。灰心流泪你的果，创造光明你的因。"这种心态是促使他接受这门婚事的一个主要因素。

出于这种大爱，他虽心怀隐痛，但没有像同时代某些文人那样，消极接受、冷淡对待；而是主动关爱，帮助对方提高文化修养，开阔其心灵境界，"凭着希望造出了希望"（闻一多《园内》）。

父亲自幼喜爱绘画，是一个执着的艺术追求者。对于自己这门婚事，他也要借艺术的"魔力"，为生活注入"快乐与同情"，化解忧烦与愁苦。在婚礼前好多天，他就和堂弟闻钧天一起动手装饰洞房。他们在新打的红漆家具上精心绘上金色图案，用绝妙的色彩、古丽和谐的图案将洞房打造成了一个清逸高雅的"艺术宫"！这间"宫殿"不仅成为新郎自己化解愁苦与忧烦、获得快乐与同情的地方，也成为陶冶新娘清纯心灵的佳境，它还成了弟妹和小侄子们的"学堂"和乐园。

在这个"艺术宫"里，蜜月期间他不仅完成了《律诗的研究》一文，还尽量抽时间为妻子和两个妹妹讲读唐诗、宋词，开启了“诗化家庭”的工程。而“诗化家庭”从此也就成为家里不可或缺的一项工程，一种心灵美的享受。

母亲幼时进过女子职业学校，初步学习过一些科学文化知识。但由于外祖父长年在外任职，家中主要由抱守封建传统的曾外祖父做主，入校不久，就被迫中断了学业，只能在家中接受“闺门教育”。唐诗虽学过一些，也只是死板地背诵。她自幼聪慧好学，渴求提高。蜜月间随丈夫进入诗国，在诗境中流连，是她最感幸福的美好时光了。直到晚年，她还能背诵当年学过的唐诗呢。

这种心灵上的关爱，也极大地促进了彼此间的投合，在双方心间渐渐滋生出丝丝情意，培育出了爱的萌芽。正如父亲后来在《红豆》一诗中所写：

他们削破了我的皮肉，
冒着险将伊的枝儿
强蛮地插在我的茎上。
如今我虽带着瘿肿的疤痕，
却开出从来没有开过的花儿了。

父亲留美前夕，还恋恋不舍地和母亲约定：“隔一两天你就得给我来一封信啊！”

二、缱绻诗画情

1922年8月，父亲抵达美国。他先后进入芝加哥美术学院、科罗拉多学院美术系和纽约艺术学生联盟学习，均取得了优异成绩。

在美国，西方发达的物质文明和男女平等的社会状况，特别是一些先进妇女的突出成就令他惊叹，他更加同情在封建宗法制下呻吟的中国妇女。他在家信中不断鼓励妻和两个妹妹，要以西方妇女为榜样，努力提高自己，改变现状。（见下篇信1、信4）

美国虽有先进的一面，但那铜筋铁骨机械后面的冷酷与罪恶，尤其是对华人的冷漠歧视，却令他悲愤交加。他在家信中痛诉道："呜呼，我堂堂华胄，有五千年之政教、礼俗、文学、美术，除不娴制造机械以为杀人掠财之用，我有何者多后于彼哉，而竟为彼所藐视、蹂躏，是可忍孰不可忍！士大夫久居此邦而犹不知发奋为雄者，真木石也。"（见下篇信1）数月后，他在另一封家信中又气愤地说："一个有思想之中国青年留居美国之滋味，非笔墨所能形容，俟后年年底我归家度岁时当与家人围炉絮谈，痛哭流涕，以泄余之积愤。"

满怀这样的心情，他写下了多首感人心魄的爱国思乡诗，如名篇《太阳吟》《忆菊》等。

也是在这样的心境下，他倍加思念家乡的亲人，思念新婚的妻子，写下了长篇情诗《红豆》。

长诗写于1922年寒假，这是他出国留学的第一个长假。"独在异乡为异客，每逢佳节倍思亲”，全诗就是在这种深切的思念中写就的。也可以说，它是一封深切而苦涩的情书。

诗中充分表达了“鞭丝抽拢的伙伴”的苦辣。既写出了在传统礼教面前无可奈何的悲哀，又充满了对封建制度的无比愤慨；既倾吐了包办婚姻带来的苦楚，又赞美了灵魂纯洁的年轻妻子；既为面前“铅灰色的天宇”而悲凉，又充满了甜蜜回忆和美好憧憬。而在错综复杂的矛盾痛苦中，始终贯穿着一种强烈的思念和真挚的情意。这“情”虽带有浪漫色彩，爱人也被理想化了，但它所表达的是诗人真实的情思、实实在在的感受；是从现实生活中升华出来的“情绪”，而不是虚空的幻想。

长诗写成后，父亲动情地写信告诉母亲：“《红豆》是为你写的。印出来后，你要是不懂，就叫他们讲给你听。”那一刻，他的心情正如诗中所倾吐的一般：

我把这些诗寄给你了，
这些字你若不全认识，
那也不要紧。
你可以用手指
轻轻摩着他们，
像医生按着病人的脉，
你许可以试出
他们紧张地跳着，

同你心跳底节奏一般。

红豆的寓意母亲心中自然十分明白，哪里需要别人给讲?!读信的一刻，她的心就已经在“紧张地跳着”了。

现在有的评论认为，这首诗是“从痛苦中寻找出东西来抚摸”，是诗人在自我安慰。这自然是对诗人内心的主观推断和曲解。

1923年9月，父亲出版了第一部诗集《红烛》，其中大部分都是留美后的作品，诗集真实地抒发了一个五四青年的爱国思乡之情和对人生的思考。序诗《红烛》更托出了一颗炽热的心：

红烛啊！

这样红的烛！

诗人啊！

吐出你的心来比比，

可是一般颜色?

……

这颗为了祖国、为了世人燃烧自我的心，也是他一生都在实践的誓言。

诗集在当时国内新诗普遍过于平实、直露的状况下，显示了对诗美的艺术追求及创造性，体现出作者“自然的不都是美的”“没有选择就没有艺术”的理论主张，这在现代诗歌发展史上具有特殊的意义。[③]

父亲在《〈女神〉之地方色彩》一文中说：“我爱中国固因他是我的祖国，而尤因他是有他那种可敬爱的文化的国家。”出于这样的爱，他在绘画、作诗的同时，仍一往情深地钻研中国古代文学。到美不久，所做笔记就已“蝇头细字，累尺盈寸矣”。这也使他进一步领略到中华文明的博大精深，启发他深入思考中西文化的特质异同。

也是出于这种爱，1925 年，当他在纽约结识了张家铸、赵太侔、熊佛西、余上沅几位学习戏剧、舞美的青年后，不禁戏兴复萌，和他们一起投入戏剧活动，为创造一种融合中西的国剧而废寝忘食。

忙戏的同时，诗人自然不会忘情诗歌。他对熊佛西说：“诗人主要的天赋是爱，爱他的祖国，爱他的人民。”这时期写的诗，如《醒呀》《洗衣歌》《南海之神——中山先生颂》《七子之歌》等，都充满了这种强烈的爱国感情。

1925 年春末，在留学期满三年时，父亲决定提前回国[④]。异国民族歧视的屈辱，留学生活的精神苦楚，对家乡和亲人的思念，更有那报效祖国的强烈愿望都使他无法再羁留。5 月，他终于踏上了归途。

父亲怀着一颗赤诚之心踏上归程，不想刚入国门，就遇上帝国主义制造的“五卅惨案”。他满腔悲愤，在家乡小住时日，便匆匆来到北京，并立刻发表了《醒呀》《七子之歌》等诗作。

在首先发表的《醒呀》一诗的跋文中，他写道：“这些是历年旅外因受帝国主义闲气而喊出的不平的呼声……希望他们可以在同胞中激起一些敌忾，把激昂的民气变得更加激昂……”

这些诗当即引起了不小反响，有的青年写道：“余读《七子之歌》信口悲鸣一阕复一阕，不知清泪之盈眶，读《出师表》《陈情表》时固未有如是之感动也。”⑤

这首《七子之歌》的首章，在半个多世纪后澳门回归祖国时，还唱响了中国大地，之后更随着中国“嫦娥一号”探月卫星升入太空，永远回荡在浩瀚的天宇之中！

在北京，父亲结识了徐志摩，二人一见如故。在徐的介绍下，他加入了“新月社”，不久又受聘于北平艺专。

工作确定后，他立即将母亲接了出来。离开老家封建规范的约束，二人都觉轻松愉快。父亲这时兴致很高，在西京畿道住时，更尽施了他的艺术才能。

他将客厅和书房全裱成黑色，上面镶上一道金边。金边是由一连串武梁祠画像中的车马人物图形构成。顶棚上垂吊着反射灯，灯光朝上洒向四方，柔和而均匀，“夜间黑影与灯光交斗，幻出种种不成形的怪相”，这别具意味的黑屋子当即成了一群新诗人聚会的乐窝。徐志摩在生动地描述它那特殊情调之后写道：“这是一多手造的阿房，确是一个别有气象的所在，不比我们单知道买花样纸糊墙，买花席子铺地，买洋式木器填屋子的乡蠢。”⑥

而黑屋子的套间，更是一处别有气象的所在，它与黑屋子显然是一个完整的布局。这里是父亲与母亲的卧室，与黑屋子色调完全不同，它通体裱成了粉红色，窗台上还点缀着瓶花。他在《色彩》一诗中曾写道：“粉红赐我以希望。”这里不仅体现着温馨的爱情，更充满了对未来的希望。在这里，他亲自为妻设计服装，选择色彩，特别欣赏她穿绿色服装。为此，他竟不厌其烦，亲自动手将她的一件旧式绿袄下摆的两个角修剪成圆形。向来不爱逛街的他，还亲自跑上街去为她选购了一件镶有绿边的绿色旗袍。这件夹袍，我小时候在昆明还见过呢。绿色的面，绿色的里，绿色的镶边，连纽扣也是绿色的。这些绿却层次各不相同，锦面是翠绿的，上面镶有银白色的小花朵，滚边和纽扣是墨绿的，绸里则是淡绿的。望上去，整件衣裳宛如一片明媚的春光。那银白色的花瓣，就像春天里叶片上闪烁着的粼粼阳光。想当年，母亲穿上它，在他们温暖的小洞天里，正像满园春色捧出的一枝新绿！而当她穿着它往黑屋子里送去茶水时，真宛如一阵清新的春风。细心敏感的徐志摩在谈到闻一多的家时不禁发出这样的赞叹：“有意识的安排，不论是一间屋，一身衣服，一瓶花，就有一种激发想象的暗示，就有一种特具的引力，难怪一多家里见天有那些诗人去团聚——我羡慕他！”⑦

西京畿道34号的诗情画意不仅赋予诗人们一种特殊的美的享受，还深深陶冶着女主人的心灵。母亲是爱美的，不仅衣装追求雅致，就连笔记本里也夹着各式花朵和美丽的叶片。现在这种人在诗画中的意境，更提高了她的审美水平，也提升着她的生活境界。

那个年代，列强横行，军阀混战，政局十分动荡。父亲在自己的“乐窝”中居住不久，奉系军阀吴佩孚攻入北京，他不得不和许多文人一样，南下避乱。

也就在这时，爱女立瑛病重离世，爱妻也因过度伤痛病倒。他满怀伤痛，但为了谋职，不得不只身来到上海，开始了漂泊的生活。

他心情极度郁闷，家事伤痛，国事又令人忧愤，中华大地上发生的一切——帝国主义野蛮侵略，各派军阀连年混战，北洋政府的残暴统治，人民生活水深火热，国民革命兴起又分裂，国共合作转眼又变成血腥的清共大屠杀，这一切都使他痛心、忧愤，也使他迷茫、困惑。心中如花的祖国究竟在哪里？哪里是中华民族的希望？

这期间，他发表了一系列感情深沉、撼人心魄的诗作，如《心跳》《发现》《一个观念》《一句话》等等，充分反映了忧国忧民的情怀和苦闷矛盾的心绪。

在《发现》中，他迸着血泪呼喊：

我来了，我喊一声，迸着血泪，
“这不是我的中华，不对！不对！”
我来了，因为我听见你叫我；
鞭着时间的罡风，擎一把火。
我来了，不知道是一场空喜。
我会见的是噩梦，哪里是你？
那是恐怖，是噩梦挂着悬崖，
那不是你，那不是我的心爱！

我追问青天，逼迫八面的风，
我问，拳头擂着大地的赤胸。
总问不出消息；我哭着叫你，
呕出一颗心来，——在我心里！

1928年8月，父亲应聘为南京的国立第四中山大学外国文学系主任，讲授英美诗、戏剧、散文。工作安定后，他立刻将家室接了过来。经历了漂泊的生活，他异常珍惜眼前的团聚。《回来》一诗充分反映了他这时对妻、对家的深情。

这一年，他出版了第二部诗集《死水》。这是他的代表作，内容更多地触及社会现实，反映了对祖国深沉的爱及对现实丑恶黑暗的激愤与苦闷。贯穿其中的仍然是那颗赤诚的爱国心。在艺术风格上较之《红烛》也已完全圆熟。

《死水》的封面及环衬都是父亲亲自设计的，它“体现了一个完整的构思，黑与红、静与动、简与繁的对比启发人们的联想，像《死水》的诗一样，含蓄深沉，境界很高，意境很深”⑧。

《死水》诗集的出版，连同《红烛》诗集以及闻一多的整个新诗理论是他对现代新诗发展做出的卓越贡献，在现代文学史上有着深远的意义。

三、笃深鸿雁情

1928年7月，父亲应邀来到武汉大学任教并兼任文学院院长。此时他对新诗兴味尤浓，也极为关切它的发展；但主攻方向已开始向中国古典文学转移，由一位新诗人走上了学者的道路。

1930年秋，父亲应老友杨振声之邀转赴青岛，就任了青岛大学文学院院长及中文系主任。两年后，应聘回到母校清华大学中文系任教。这时他对新诗虽仍关注，但已不再写诗，而是在古籍中乐而忘返了。

从1932年到1937年7月，在清华园生活的五年，可以说是闻一多一生中最安定的时期，也是他学术成果大丰收的五年，其中不少成果都取得或超越了前人及同辈人的成就。

父亲学术上的丰收，无疑得自于他那“苍松般猛烈，西山般静默”（《园内》）的努力，但也和他有一个温馨幸福的家，有一个同样“猛烈”而“静默”努力着的贤内助密不可分。这个时期，父亲与母亲的感情更加默契笃深。

以前在南京时，父亲曾戏称母亲为“神仙”，能对他所想所求心领神会，伏案时也总喜欢她陪伴在右。现在这位女神更成了他业务上的好帮手，不只是递东西，连他的手稿也全经由她来装订。她已成为他须臾不可离的知心伴侣，而相伴左右也逐渐升华为他的一种精神需求了。

然而，幸福和平的生活被日寇侵略打破！

1937年暑期，母亲带着两个大孩子回武汉探亲，就在这时，七七事变爆发。一时间人心惶惶，清华园里不少人家开始收拾东西准备搬离。父亲这时独自一人应对这一局面，越发思念日夜相依的爱妻，怀着万分焦急又纷乱不定的心情，他不断去信给母亲，倾吐着火样的情思。（见上篇信1、信2）

在隆隆的炮声中，他不得不舍弃视若珍宝的满室藏书，带着三个幼儿和赵妈匆匆离开清华园。他们离开不久，日军就占领了北平，清华园成了侵略者的伤兵医院，教工宿舍也成了日寇的兵营。

北平沦陷后，清华大学奉国民政府命与北京大学及南开大学在湖南长沙合组为国立长沙临时大学。在战火纷飞中，父亲将家室送至湖北浠水县下巴河的老家，随即只身返校。不久，由于战事危急，学校又决定迁往大后方云南昆明。此去路途遥远，父亲担心回家不易，急忙请了探亲假赶回乡里。

途径武汉时，老友顾毓琇来访，他刚被征调到汉口国民政府教育部任次长，正筹组战时教育问题委员会，见到父亲，极力游说他出来共事，但被父亲拒绝了。

母亲得知此事后，极不愉快。她了解，父亲是做学问的人，但又多么希望在这兵荒马乱时，他能留在武汉，彼此间好有个照应。老家这里封建理法如同桎梏，想到丈夫此去云南，山高路远，何时团圆，无日可待，心中更觉苦不堪言。父亲理解母亲的心情，但他不能舍弃自己钟情的事业和志向，况且他一向厌恶官场，不愿做官，也不是做官的人。战火中的离别，双方心中都拥塞着万千滋味，一时难以平复。（见上篇信12 、信14）

学校迁滇，父亲放弃了坐车、船的待遇，参加了主要由学生组成的步行团。途中他们饱览了大西南的壮丽风光，他深深为祖国山河的壮美感到震撼，不由感叹：“在这样好的景观面前，我发现了文字的无力！”

也许是感到文字的无力，又迫不及待地想去捕捉这大自然的美，他不由得又捉起了画笔，沿途做了许多写生。这些画现在虽只保存下来36幅，但可以看出作者“艺术写生的功力已到了炉火纯青的境界”[9]。从中同时也能深深感受到作者面对祖国大好河山时的兴奋心情和热烈的爱国情怀。

行程中师生们在惊叹祖国大好河山的同时，也亲眼目睹了这美丽山河间底层百姓的疾苦，增加了一份沉重的思考和一份社会责任感。这些见闻及感受对父亲日后思想转变无疑产生了不可忽视的影响。

经过两个多月三千余里的艰难跋涉，4月28日步行团终于抵达昆明。他迫不及待地报信给母亲，并生动地叙述了沿途见闻及感受，还神秘地说：“还有一件东西，不久你就会见到，那就是我旅行时的像片。你将来不要笑……”（见上篇信16）

步行团抵达昆明时，学校已改名为国立西南联合大学。由于校舍不够，文法学院暂设在蒙自。父亲后来回忆说：“这又是一个世外桃源。”在这里，教师们如饥似渴地抓紧时间治学，父亲连饭后散步的时间都舍不得付出，由此还得了一个“何妨一下楼主人”的雅号。

但身居“世外桃源”，心里却无法平静。前方战局，国家命运，身处战区的亲人们的安危以及如何才能和家人团聚等等，时时在咬噬着他的心。学校迁移以来，形势日渐危急，武汉又作为当时抗日战争的中心，一直是日军进攻的目标，浠水乡下也不安全。父亲一时无法接出眷属，心急如焚。6月中旬，日军对武汉发起了蓄谋已久的攻势，他更如坐针毡，寝食难安。情急时，甚至祈祷上苍保佑：“万一你们暂时走不动，也不要害怕，我一生未做亏心事，并且说起来还算得一个厚道人，天会保佑你们！”（见上篇信 20）那些日子，他只天天盼望着看到她的亲笔信：“两个星期没有你的信，心里不免疑神疑鬼，今天大舅信来，稍放心了，但未看见你的笔迹，还是不痛快，你明白吗？”（见上篇信 22）

7月中旬，母亲终于带着全家逃出战区武汉，踏上了赴滇的行程。这条路线就是联大步行团当年行走的路线，沿途的艰险困苦，父亲深有体会。想到妻就在这条路上拖儿带女、日夜颠簸，他的心就如同刀绞：

“想来想去，真对不住你，向来没有同你出过远门，这回又给我逃脱了，如何叫你不恨我？”他决心以后一定要好好补偿她：“从今以后，我一定要专心事奉你，做你的奴仆。只要你不气我，我什么事都愿替你做，好不好？”（见上篇信 25）

赴滇一路，逃难人群络绎不绝。沿途果然万分艰险。特别是在贵州境内，我们不仅夜遇土匪，在以险著称的盘山公路二十四拐上，还亲眼见到了极不愿见的人间惨剧——前面爬行的那辆汽车不幸翻下了深谷！

不管怎样，历尽千难万险，一家人终于团聚！父亲深情地望着母亲，心里正如他信中倾吐的：“这次你来了，以后我当然决不再离开你，无论如何，我决不再离开你一步！”（见上篇信 22）

父亲和母亲在昆明团聚后，一直如他所说，夫妻俩相知相守，共克时艰。无论是在抗日战火的硝烟中、在贫苦饥饿的煎熬里，还是在战后为反对内战、争取和平民主的斗争中，都始终携手并进，不离不弃。父亲在母亲的精心照顾下，教学无后顾之忧，研究成果不断出新。而母亲在父亲炽热的关怀和帮助下，更成长为他事业上的坚强后盾和战斗中的亲密伴侣。我们的家也成为更幸福的“乐窝”！

父亲殉难后，母亲强忍剧痛，独自支撑起被严重损毁的家。同时，她始终没有忘记丈夫的遗愿，一直满怀悲愤地为中国人民的解放事业默默奉献着一己绵薄之力。

有一篇评论说得好：“尽管闻一多与夫人的结合是父母之命的结果，闻一多却始终在努力沟通夫妻之间的精神世界，他清楚地看到两人之间存在文化上的差距，但勉力加以弥合，在追求学术和创作的进步途中，亦在敦促夫人的进步，而他自己也在多年与夫人相濡以沫中，获得了家的支持、温暖与慰藉。这样亲情与爱情水乳交融的故事，难道会逊色于浪漫飘摇、常被人茶余饭后津津乐道的‘雪花的快乐’吗？”[10]

闻名

2020年12月

①蕲水在1933年改称浠水。②同一曾祖父的兄弟姐妹称为同堂××。③参见王瑶：《念闻一多先生》，《中国现代文学研究丛刊》1987年第1期。④当时清华留学生官费五年，满三年回国也可以。⑤参见闻黎明、侯菊坤编《闻一多年谱长编》，湖北人民出版社，1994年。⑥参见徐志摩：《诗刊弁言》，《晨报·诗镌》1926年第1期。⑦参见徐志摩：《诗刊弁言》，《晨报·诗镌》1926年第1期。⑧参见闻立鹏、张同霞：《闻一多》，人民美术出版社，1999年。⑨参见闻立鹏、张同霞编《追寻至美：闻一多的美术》，山东美术出版社，2001年。⑩参见杨歌：《心火培育美与爱的花果》，具体出处不详。

上篇

闻一多致妻子

这部分收入的是闻一多在1937~1938年间写给妻子高孝贞的书信，现存的共25封。据闻先生女儿闻名说，闻一多当年的情书不少，但均被家中封建的老人没收或撕毁了，如今保存下来的仅是极少数。

1937 ~ 1938年正是抗日战争全面爆发的时期，因为战争，北大清华等高校内迁。这一时期，闻一多不得不与妻儿分开，随着学校到处奔波，独自到昆明任教。这些信件中饱含对妻儿老小的深深牵挂和思念，时刻担心着他们的安危。

【第壹章】相思着了火

『这时他们都出去了，我一人在屋里，静极了，静极了，我在想你，我亲爱的妻。我不晓得我是这样无用的人，你一去了，我就如同落了魂一样。我什么也不能做。』

这些信写于1937年。对于这段包办婚姻，闻一多最初是痛苦抵制的。那个时代，他追求个性解放和自由恋爱，他虽然与表妹不陌生，但毕竟生疏。就像隔着一道漫漫长河，河对岸是一片迷蒙。但他心怀大爱，接受了这门婚事。他『凭着希望造出了希望』，与妻子高孝贞相濡以沫，帮助和督促妻子成长，是那一时代文人少有的典范。

第[1]封 管家

贞：

如果你们未走[①]，纵然危险，大家在一起，我也心安。现在时常想着你在挂念我们，我也不安了。我早已想起搬到乾面胡同[②]一层，但安全得了多少，也是问题。今天已找勋侄来，托打听旅行手续。同时将应用衣服，清理一下，放在箱里，作一准备。现在只有津浦一路可通，听说联运可以从北平直到汉口（续讯此点不确），这倒也方便。……方才彭丽天[③]来说他也要回家，我已约他与我们同行，这来，路上有一帮忙的人，使我放心点。不然，我自己出门的本事本不大高明，再带三个小孩，一个老妈，我几乎无此勇气。

好了，现在计划是有了，要走，三天内一定动身，再过四五天就可到家。不过，最好时局能好转，你们能短期内回北平。万一时局三天之内更恶貞：如果你們未走，縱然危險，大家在一起，我也心安。現在時常想着你在挂念我們，我也不安了。我早已想起搬到乾面胡同一層，但安全得了多少，也是問題。今天已找勵姪來，托打聽旅行手續。同時將應用衣服，請理一下，放在箱裏，作一準備。現在祇有津浦一路可通，聽説（續訊此点不確）聯運可以從北平直到漢口，這倒也方便。……方纔彭丽天來説他也要回家，我已约他与我們同行，這來路上有一幫忙的人，使我放心点。不然，我自己出門的本事本不大高明，再帶三個小孩，

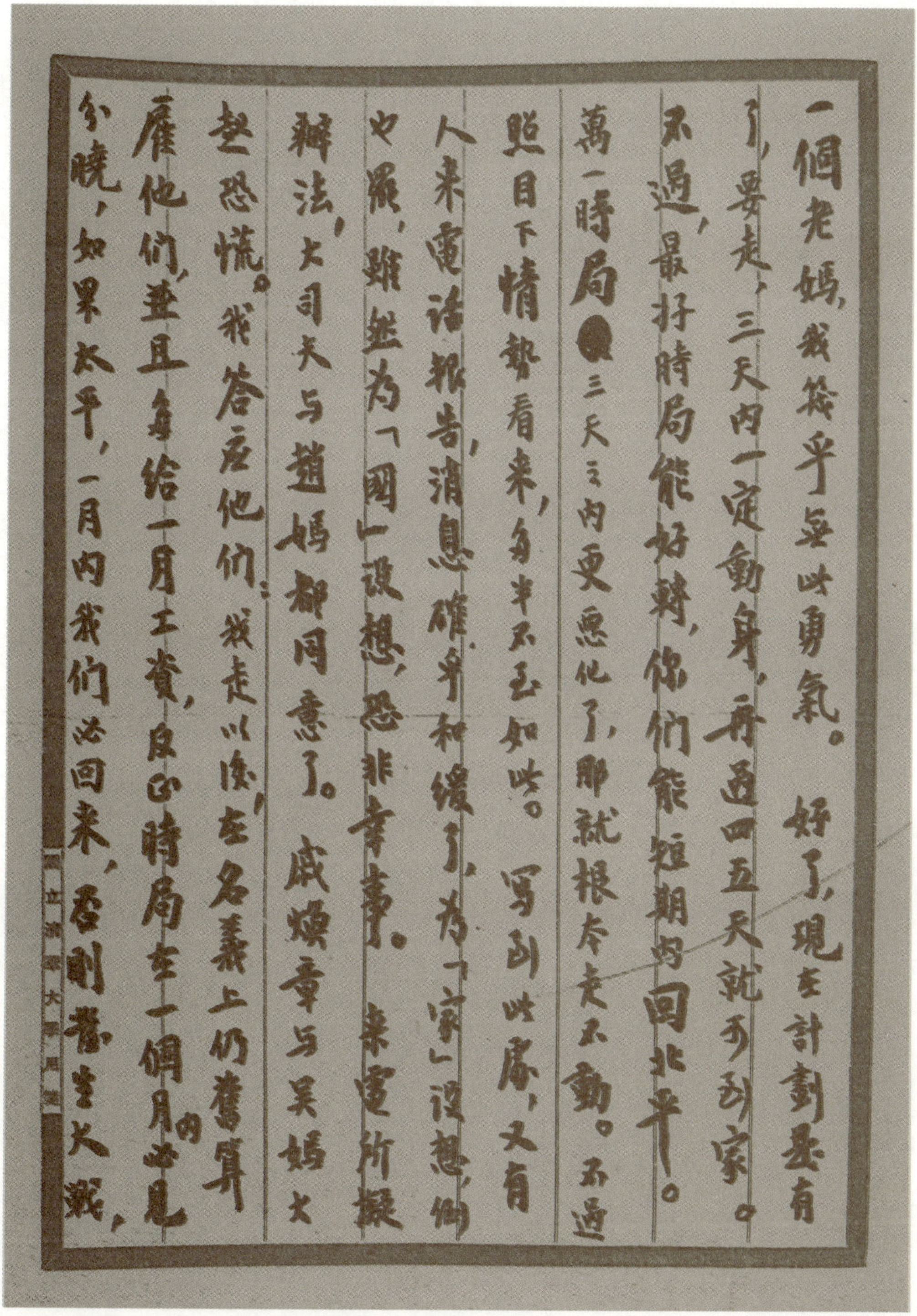

一個老媽，我幾乎無此勇氣。好了，現在計劃要有了，要走，三天內一定動身，再遲四五天就要到家。不過，最好時局能好轉，你們能短期內回北平。萬一時局三天之內更惡化了，那就根本走不動。不過照目下情勢看來，多半不至如此。寫到此處，又有人來電話報告消息，確乎和緩了，為「家」設想，似也罷，雖然為「國」設想，恐非幸事。米蜜所擬辦法，大司夫與趙媽都同意了。戚煥章與吳媽大無恐慌。我答應他們，我走以後，在名義上仍舊算雇他們，並且每給一月工資，反正時局在一個月內必見分曉，如果太平，一月內我們必回來，否則發生大亂，

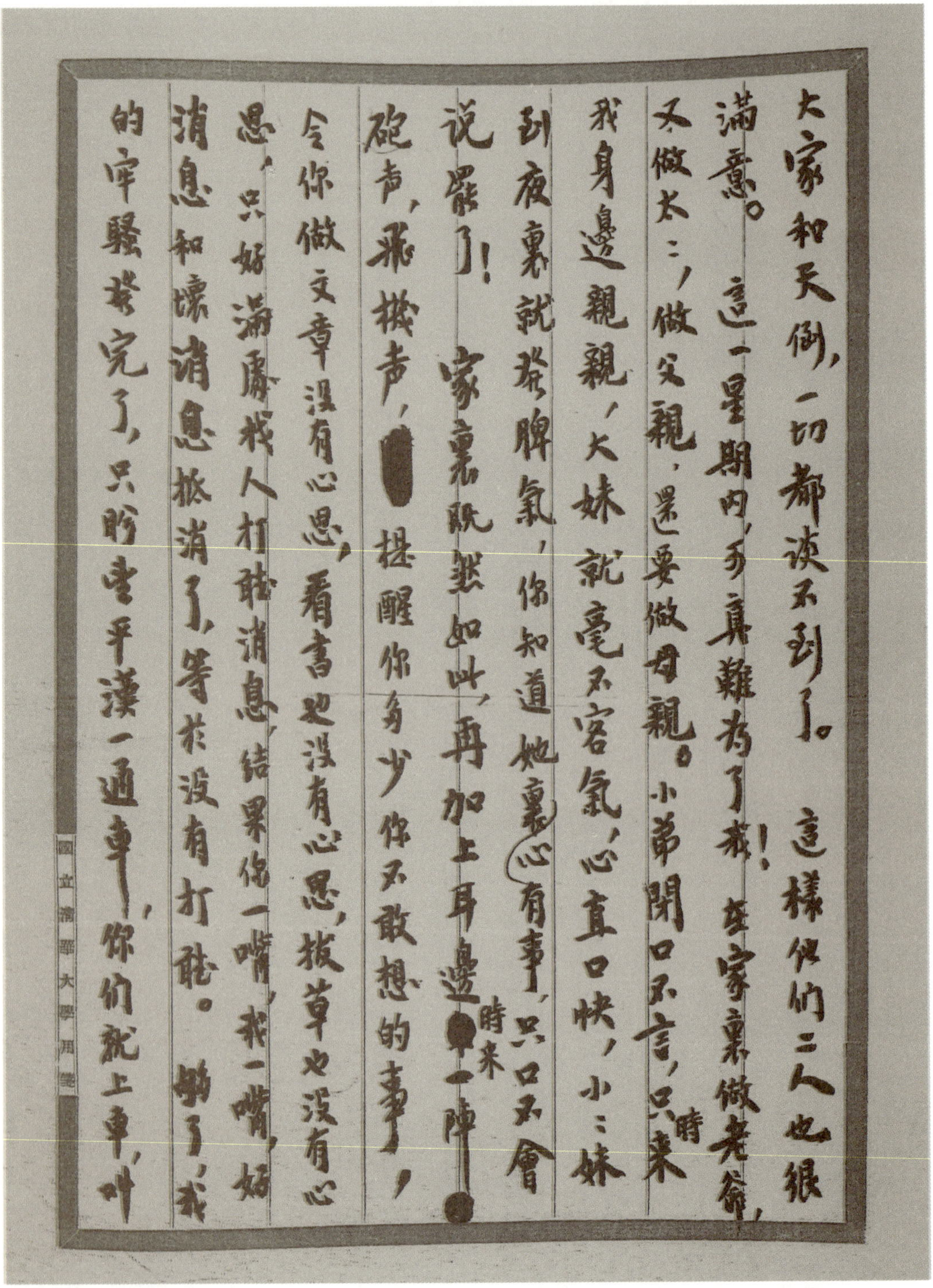
大家和天倒，一切都谈不到了。這樣他們二人也很滿意。這一星期內，我真難為了我！在家裏做老爺，又做太太，做父親，還要做母親。小弟閉口不言，只時来我身邊親親，大妹就毫不客氣，心直口快，小小妹到夜裏就發脾氣，你知道她裏心有事，只口不會說罷了！家裏既然如此，再加上耳邊時来一陣砲声，飛機声，提醒你多少你不敢想的事，令你做文章沒有心思，看書也沒有心思，拔草也沒有心思，只好滿處找人打聽消息，結果你一嘴，我一嘴，好消息和壞消息都抵消了，等於沒有打聽。够了，我的牢騷發完了，只盼望平漢一通車，你們就上車，叫

國立清華大學用箋

化了，那就根本走不动。不过照目下情势看来，多半不至如此。写到此处，又有人来电话报告，消息确乎和缓了，为“家”设想，倒也罢，虽然为“国”设想，恐非幸事。来电所拟办法，大司夫[4]与赵妈[5]都同意了。戚焕章[6]与吴妈[7]大起恐慌。我答应他们：我走以后，在名义上仍旧算雇他们，并且多给一月工资，反正时局在一个月内必见分晓，如果太平，一月内我们必回来，否则发生大战，大家和天倒，一切都谈不到了。这样他们二人也很满意。

这一星期内，可真难为了我！在家里做老爷，又做太太，做父亲，还要做母亲。小弟[8]闭口不言，只时来我身边亲亲，大妹[9]就毫不客气，心直口快，小小妹[10]到夜里就发脾气，你知道她心里有事，只口不会说罢了！家里既然如此，再加上耳边时来一阵炮声，飞机声，提醒你多少你不敢想的事，令你做文章没有心思，看书也没有心思，拔草也没有心思，只好满处找人打听消息，结果你一嘴，我一嘴，好消息和坏消息抵消了，等于没有打听。够了，我的牢骚发完了，只盼望平汉一通车，你们就上车，叫我好早些卸下做母亲的责任。你不晓得男人做起母亲来，比女人的心还要软。

我好早些卸下做母親的責任。你不曉得男人做起母親来，比女人的心還要軟。寫到這裡，立勛又来電話，消息与前面又相反了。這正證實我所謂消息与消息相抵的事實。於是又作走的打算了。碰巧孫作雲来了。你知道他是東北人，如果事態擴大，他是無家可歸的。我忽然想到何不約他到我家来，我向他提出這意思，他頗為之心動。這一来路上又多一伴，我更可以放心了。立勛明天再来，他們人不願走，明天再勸勸他。鐘懿二人因受訓未完，恐不能馬上就走，我已囑立勛明天上西苑去打聽。萬一他們能早走，那就更好。總之，我十分知道局勢的嚴重，自然要相機行事，你放心好了！

多 七月十五 燈下

写到这里，立勋又来电话，消息与前面又相反了。这正证实我所谓消息与消息相抵的事实。于是又作走的打算了。碰巧孙作云[11]来了。你知道他是东北人，如果事态扩大，他是无家可归的。我忽然想到何不约他到我家来，我向他提出这意思，他颇为之心动。这一来路上又多一伴，我更可以放心了。立勋明天再来，他个人不愿走，明天再劝劝他。鉴恕[12]二人因受训未完，恐不能马上就走，我已嘱立勋明天上西苑去打听。万一他们能早走，那就更好。总之，我十分知道局势的严重，自然要相机行事，你放心好了！[13]

多

七月十五灯下

（根据手书刊印）

①高孝贞携长子立鹤、次子立雕于七七事变前回武汉省亲。②现为“干面胡同”。③彭丽天当时在清华任教，闻一多曾为其诗集《晨夜诗庋》作跋。④赵秀亭，在闻一多家做饭。⑤赵秀亭之妻，在闻一多家带孩子。⑥闻一多雇用的誊抄员。⑦幼女闻惠羽的保姆。⑧小弟：闻一多幼子闻立鹏。因三子闻立鸿早夭，闻立鹏便成了老三，家中亦称为“老三”。妹妹们称其为“三哥”。⑨大妹：闻一多三女闻名。因长女立瑛及次女立燕早夭，闻名便成了长女。⑩小小妹：家人以后称之为“小妹”，取名“闻惠羽”。⑪孙作云：当时为闻一多的研究生。⑫闻一多的外甥陈文鉴和四侄儿闻立恕。⑬原信为一大长段，为阅读方便，进行了适当拆分。后面的信中也有这种情况，对此不再一一说明。

第 [2] 封 想你

亲爱的妻：

这时他们都出去了，我一人在屋里，静极了，静极了，我在想你，我亲爱的妻。我不晓得我是这样无用的人，你一去了，我就如同落了魂一样。我什么也不能做。前回我骂一个学生为恋爱问题读书不努力。今天才知道我自己也一样。这几天忧国忧家，然而心里最不快的，是你不在我身边。亲爱的，我不怕死，只要我俩死在一起。我的心肝，我亲爱的妹妹，你在那里？从此我再不放你离开我一天。我的肉，我的心肝！你一哥在想你，想得要死！

亲爱的：午睡醒来，我又在想你。时局确乎要平靖下来，我现在一心一意盼望你回来，我的心这时安静了好多。

十六日

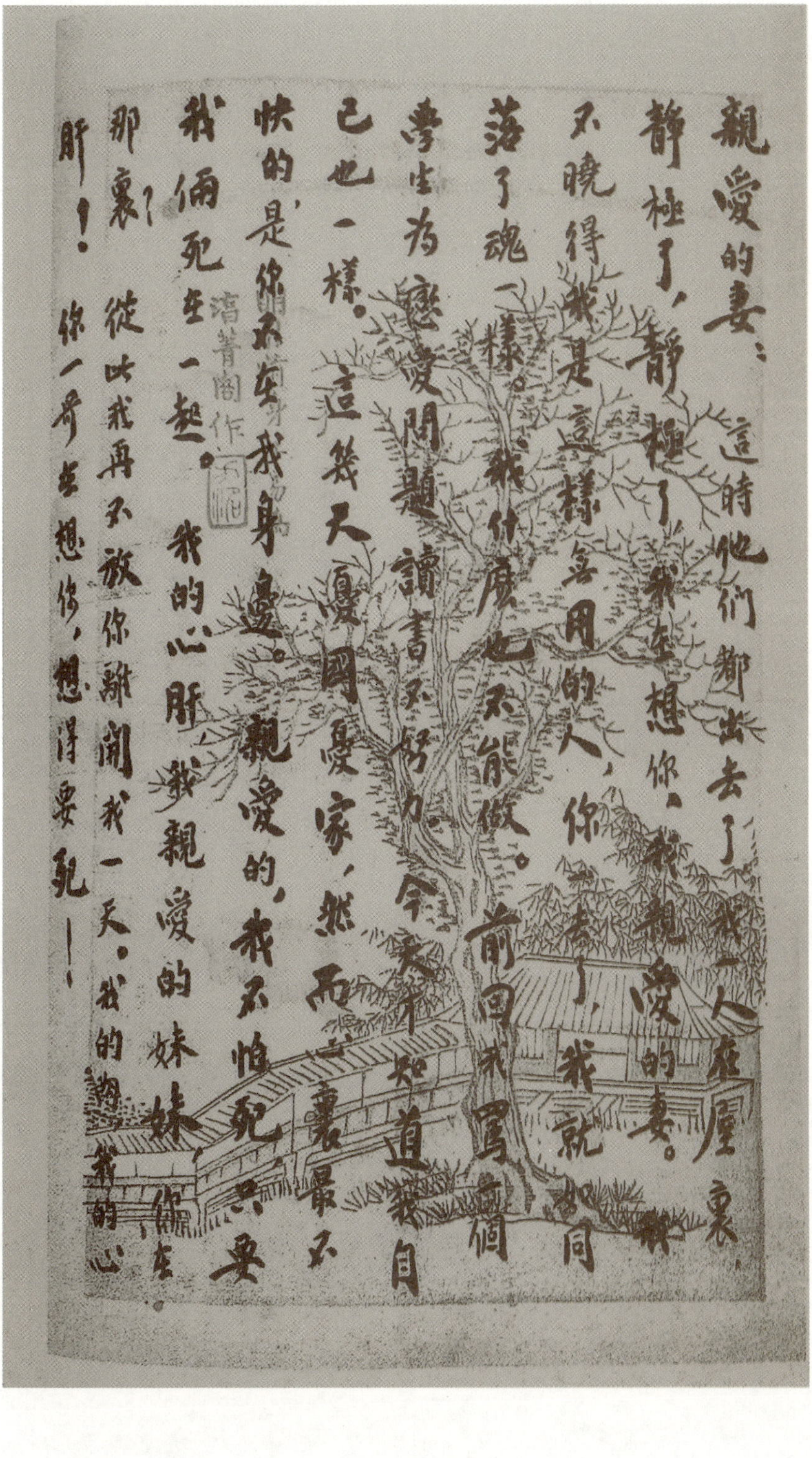
親愛的妻：這時他們都出去了，我一人在屋裏
靜極了，靜極了，我坐想你，我親愛的妻。
不曉得我是這樣無用的人，你去了，我就如同
落了魂一樣。我什麼也不能做。前回我買兩個
學生為戀愛問題讀書不努力，今天才知道我自
己也一樣。這幾天憂國憂家，然而心裏最不
快的是你不在我身邊。親愛的，我不怕死，只要
我倆死在一起。我的心肝，我親愛的妹妹，你在
那裏？從此我再不放你離開我一天。我的肉，我的心
肝！你一哥在想你，想得要死——！

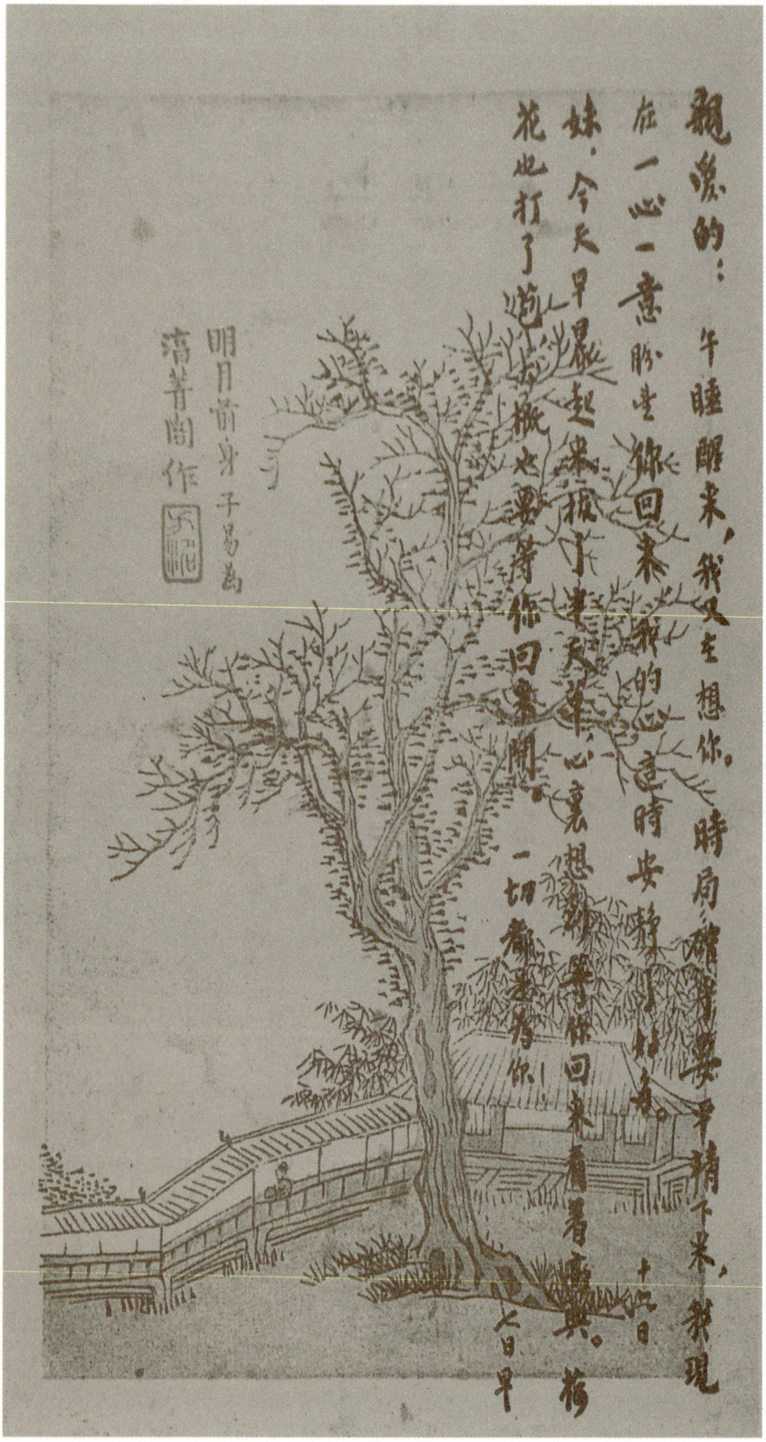
親愛的：　午睡醒來，我又在想你。時局確實要平靜下來，我現
在一心一意盼望你回來，我的心這時安靜得好多。十六日
妹，今天早晨起來擬了幾天筆，心裏想著等你回來看著高興。梅
花也打了苞，桃花也要等你回來開。一切都是為你！七日早

妹，今天早晨起来拔了半天草，心里想到等你回来看着高兴。荷花也打了苞，大概也要等你回来开。一切都是为你！

十七日早[1]

（根据手书刊印）

①此信写于7月。

第[3]封 挂念

贞：

我于当晚十一时半抵此。此间真正上课，恐还有两星期。居处极不方便，而茶水尤然。小小妹病好否，甚念。明日因当往清华新校址[1]，须起早，故今夜须早睡。此处详情，俟明晚归来再写信详谈。嘱鹤雕用心读书，小弟大妹放乖些。小小妹病情如何，如须再延医，务必再延。一切转托训侄[2]代劳照料，盖彼于情形较熟也。九月份薪金可发七成，前校方寄去一百五十元收到否？盼覆

多

廿三夜分[3]

（根据手书刊印）

①抗日战争爆发后，清华大学与北京大学、南开大学在长沙合组临时大学，文学院设在南岳圣经学校。
②闻一多的三侄儿闻立训。③此信10月写于长沙。

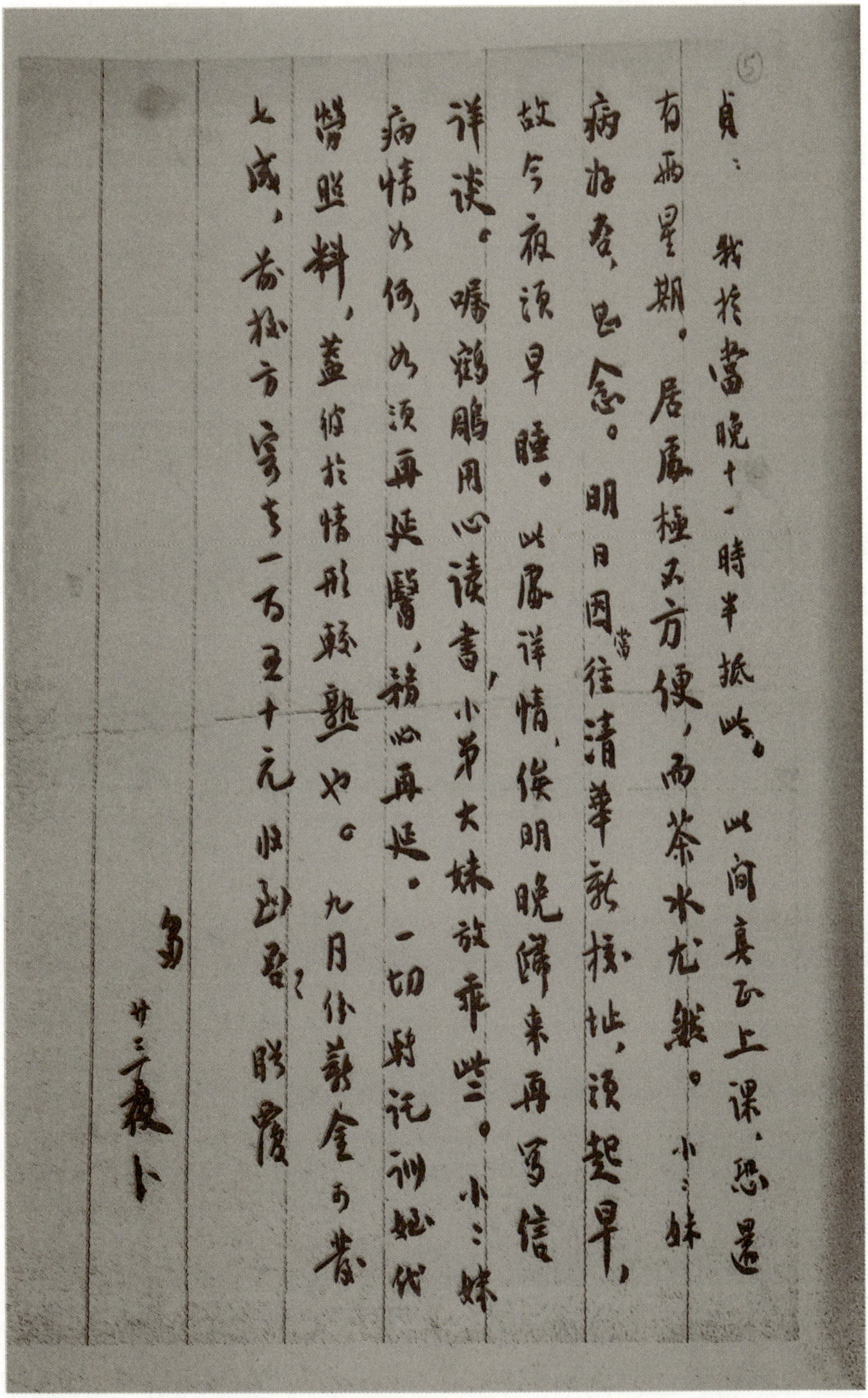
貞：我於當晚十一時半抵此。以向真正上課，恐還有兩星期。居處極不方便，而茶水尤難。小小妹病狀如何，思念。明日因(當)往清華新校址，須起早，故今夜須早睡。以居處詳情，候明晚歸來再寫信詳談。囑鶴鵬用心讀書，小弟大妹放乖些。小小妹病情如何，如須再延醫，務必再延。一切財託訓姐代營照料，蓋彼於情形較熟也。九月份薪金只發七成，前撫方寄去一百五十元，收到否？聯霞

多

廿三夜 卜

第 [4] 封 生活

贞：

出门快一星期了，尚未接家信，这是什么道理？若不是小小妹病使我担心，有没有信倒无关系。明信片上我已经写好了住址，只要填上几句话就行了。何以忙到这样？鹤雕两人就忘记我了吗？到这里来，并不像你们想的那样享福。早上起来，一毛钱一顿的早饭，是几碗冷稀饭，午饭晚饭都是两毛一顿，名曰两菜一汤，实只水煮盐拌的冰冰冷的白菜萝卜之类，其中加几片肉就算一个荤。加上这样一日三餐是在大食堂里吃的，所以开饭时间一过了，就没有吃的。先来的人们自己组织了一个小厨房，吃得当然好点，但现在人数已满，我来迟了，加入不了。

至于茶水更不必提了。公共的地方预备了几瓶开水，一壶粗茶，渴了就对一点灌一杯，但常

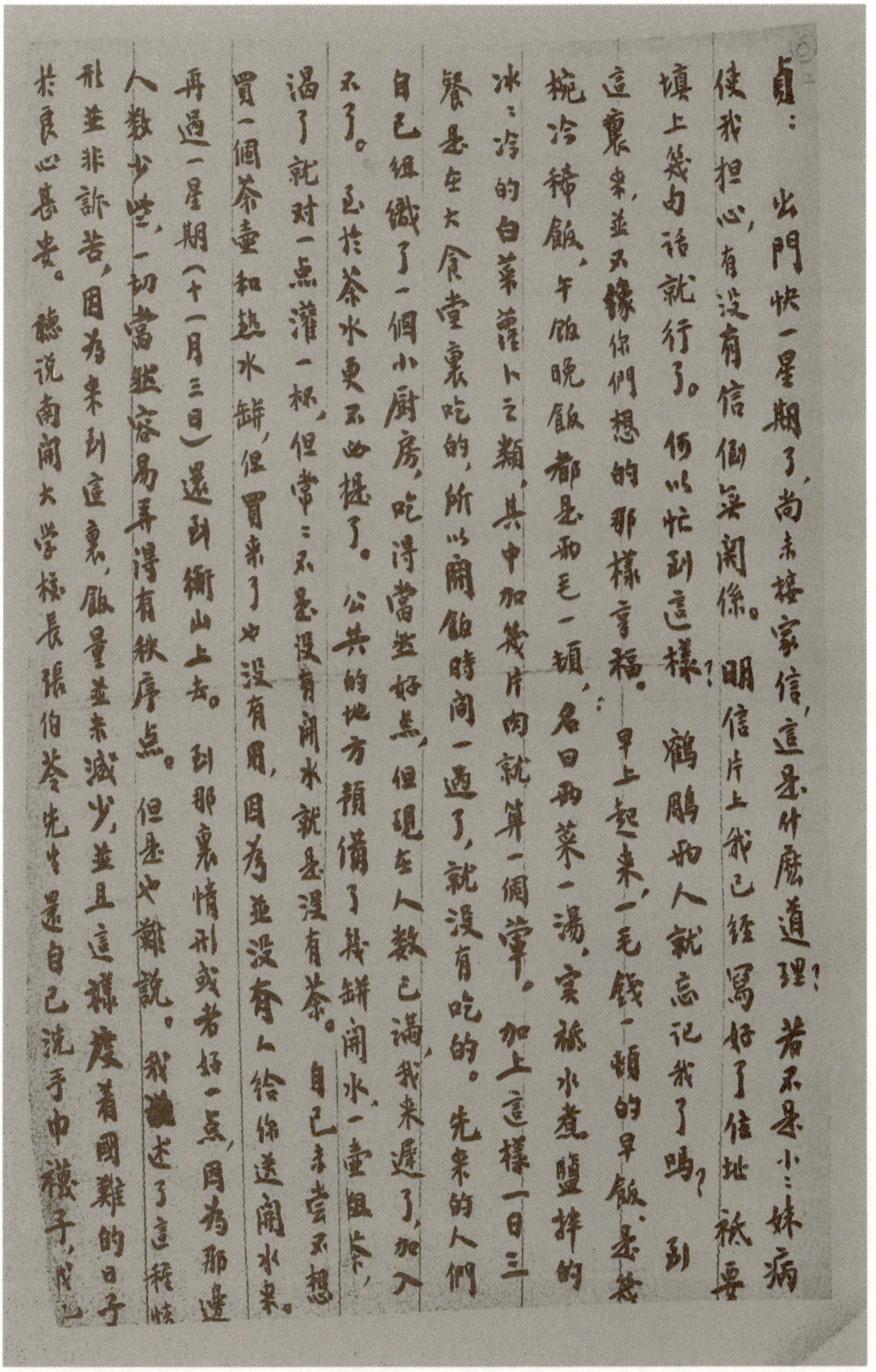

貞：

出門快一星期了，尚未接家信，這是什麽道理？若不是小小妹病使我担心，有没有信倒無関係。明信片上我已經寫好了住址，祇要填上幾句话就行了。何以忙到這樣？鶴鵬兩人就忘記我了嗎？到這裏来，並不像你們想的那樣享福。早上起来，一毛錢一頓的早飯，是[illegible]碗冷稀飯，午飯晚飯都是兩毛一頓，名曰兩菜一湯，實祇水煮鹽拌的冰冰冷的白菜蘿卜之類，其中加幾片肉就算一個葷。加上這樣一日三餐是在大食堂裏吃的，所以開飯時間一過了，就沒有吃的。先来的人們自己組織了一個小廚房，吃得當然好點，但現在人数已満，我来遲了，加入不了。至於茶水更不必提了。公共的地方預備了幾餅開水，一壺粗茶，渴了就对一点灌一杯，但常常不是没有開水就是没有茶。自己未嘗不想買一個茶壺和熱水餅，但買来了也没有用，因為並没有人給你送開水来。再過一星期（十一月三日）還到衡山上去。到那裏情形或者好一点，因為那邊人数少些，一切當然容易弄得有秩序点。但是也難說。我[illegible]述了這種情形並非訴苦，因為来到這裏，飯量並未減少，並且這樣度着國難的日子於良心甚安。聽说南開大学校長張伯苓先生還自己洗手巾襪子，我也

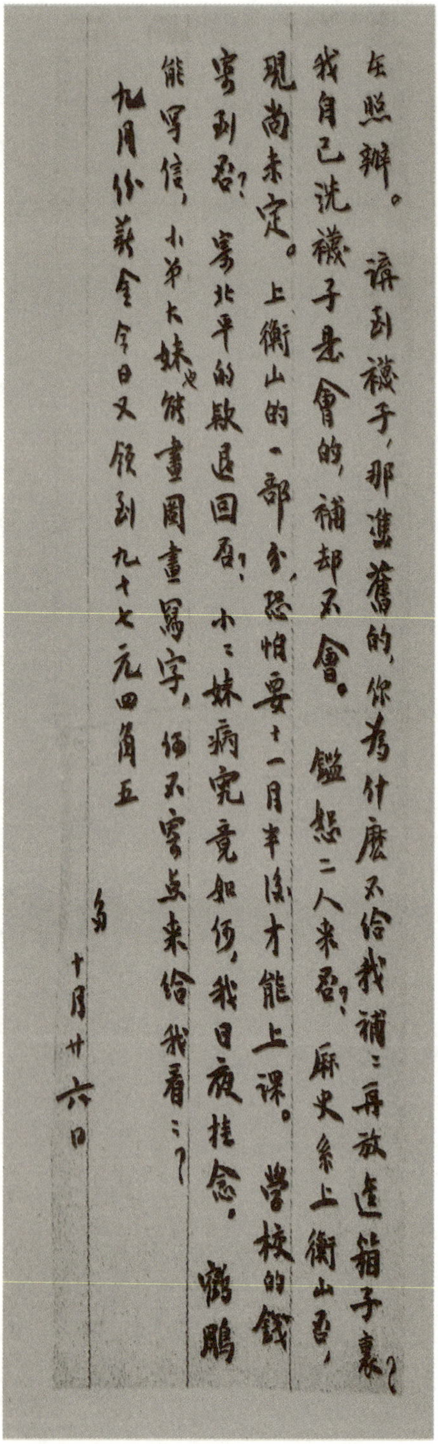

在照辦。講到襪子，那些舊的，你為什麼不给我補補再放進箱子裏？我自己洗襪子是會的，補卻不會。鎰懇二人来否？歷史系上衡山否，現尚未定。上衡山的一部分，恐怕要十一月半後才能上課。學校的錢寄到否？寄北平的款退回否？小小妹病究竟如何，我日夜挂念。鹤鹏能写信，小弟大妹也能畫圖畫寫字，何不寄点来给我看看？

九月份薪金今日又領到九十七元四角五

多

十月廿六日

常不是没有开水就是没有茶。自己未尝不想买一个茶壶和热水瓶，但买来了也没有用，因为并没有人给你送开水来。再过一星期（十一月三日）还到衡山上去。到那里情形或者好一点，因为那边人数少些，一切当然容易弄得有秩序点。但是也难说。我述了这种情形并非诉苦，因为来到这里，饭量并未减少，并且这样度着国难的日子于良心甚安。

听说南开大学校长张伯苓先生还自己洗手巾袜子，我也在照办。讲到袜子，那双旧的，你为什么不给我补补再放进箱子里？我自己洗袜子是会的，补却不会。

鉴恕二人来否？历史系上衡山否，现尚未定。上衡山的一部分，恐怕要十一月半后才能上课。学校的钱寄到否？寄北平的款退回否？小小妹病究竟如何，我日夜挂念。鹤雕能写信，小弟大妹也能画图画写字，何不寄点来给我看看？

九月份薪金今日又领到九十七元四角五。

多

十月廿六日

（根据手书刊印）

第 [5] 封 药费

贞：

鉴恕二人已到，据他们所谈，及带来买药账单，知小小妹病不甚轻。现在不知如何？医药费不可过爱惜，当用时就用。千万千万！实在情形当随时写信告我，不可隐瞒。如有必要，我可回来一次。鹤儿的药，医生教吃多少就吃多少，也不要大意。好在这回发薪，比我们预算的多，你用钱不必过省，因为究竟身体要紧。小小妹未取名，可名叫“湘”，以纪念我这次离开，特别想念她。

多

十月廿七日

（根据手书刊印）

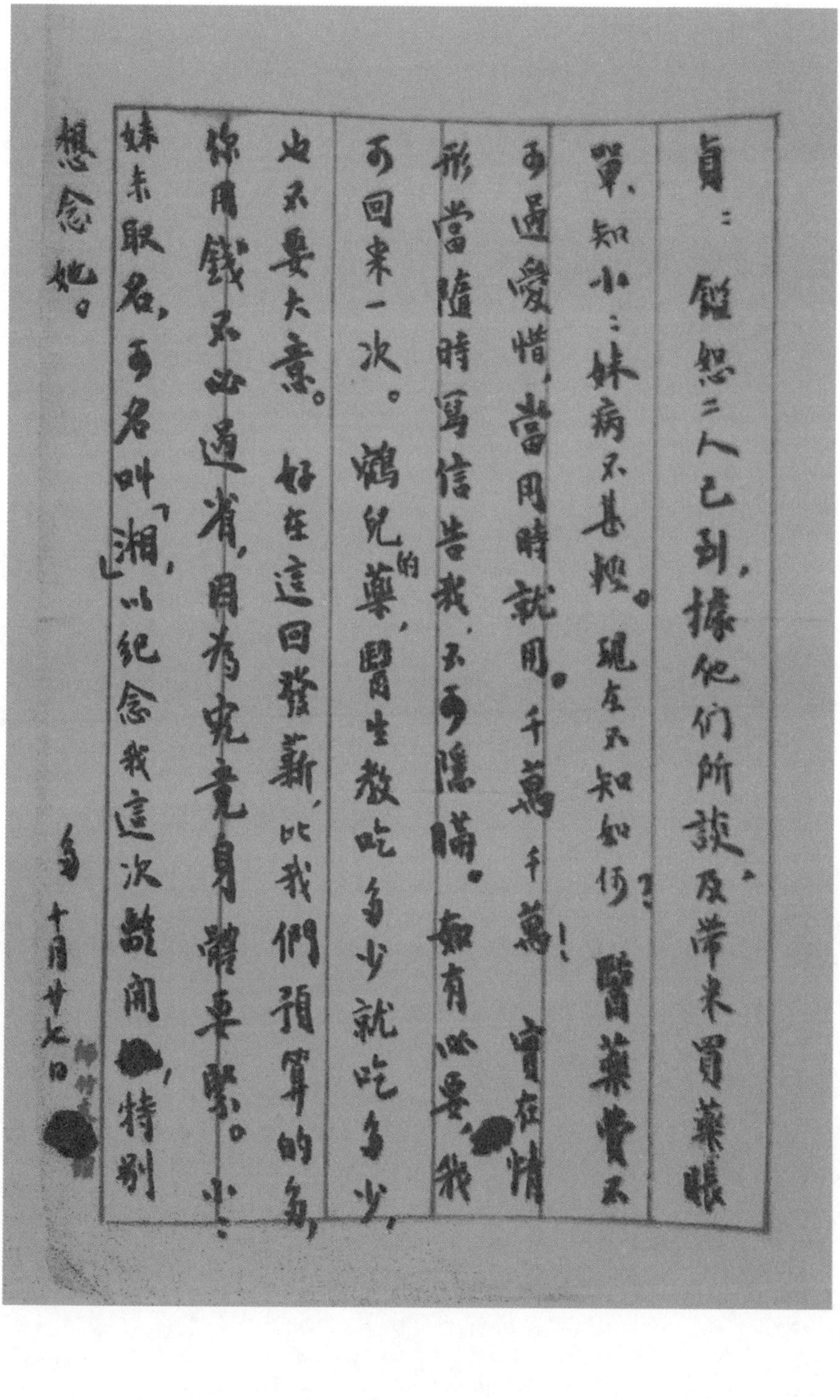

貞：銓恕二人已到，據他們所談，及帶來買藥賬單，知小小妹病不甚輕。現在不知如何？醫藥費不可過愛惜，當用時就用。千萬千萬！實在情形當隨時寫信告我，不可隱瞞。如有必要，我可回來一次。鴻兒的藥，醫生教吃多少就吃多少，也不要大意。好在這回發薪，比我們預算的多，你用錢不必過省，因為究竟身體要緊。小小妹未取名，可名叫「湘」，以紀念我這次離開[illegible]，特別想念她。

多

十月廿七日

第[6]封 求信

贞：

除由恕侄带一信来外，我到此从未接到一信，这未免太残忍了吗？湘女病状如何，我实在担心。不是为省钱起见，我定已回来了一趟。我现在哀求你速来一信。请你可怜我的心并非铁打的。这里今天已上课，但文学院同人要后天才搬到南岳，一星期后才上课。听说山上很冷，皮袍请仍旧取出，上次信上忘记说。长沙住家并不很贵。我想开春你们还是到这里来吧。上次领到的薪水，后来才知道有五十元是十月份的。薪水本可以领到七成，合得实数二百八十元，但九十两月扣救国公债四十元，所以只能得二百四十元。现在我手头有二十余元，银行存八十元。

来信寄湖南南岳市临时大学

多

十一月一日

（根据手书刊印）

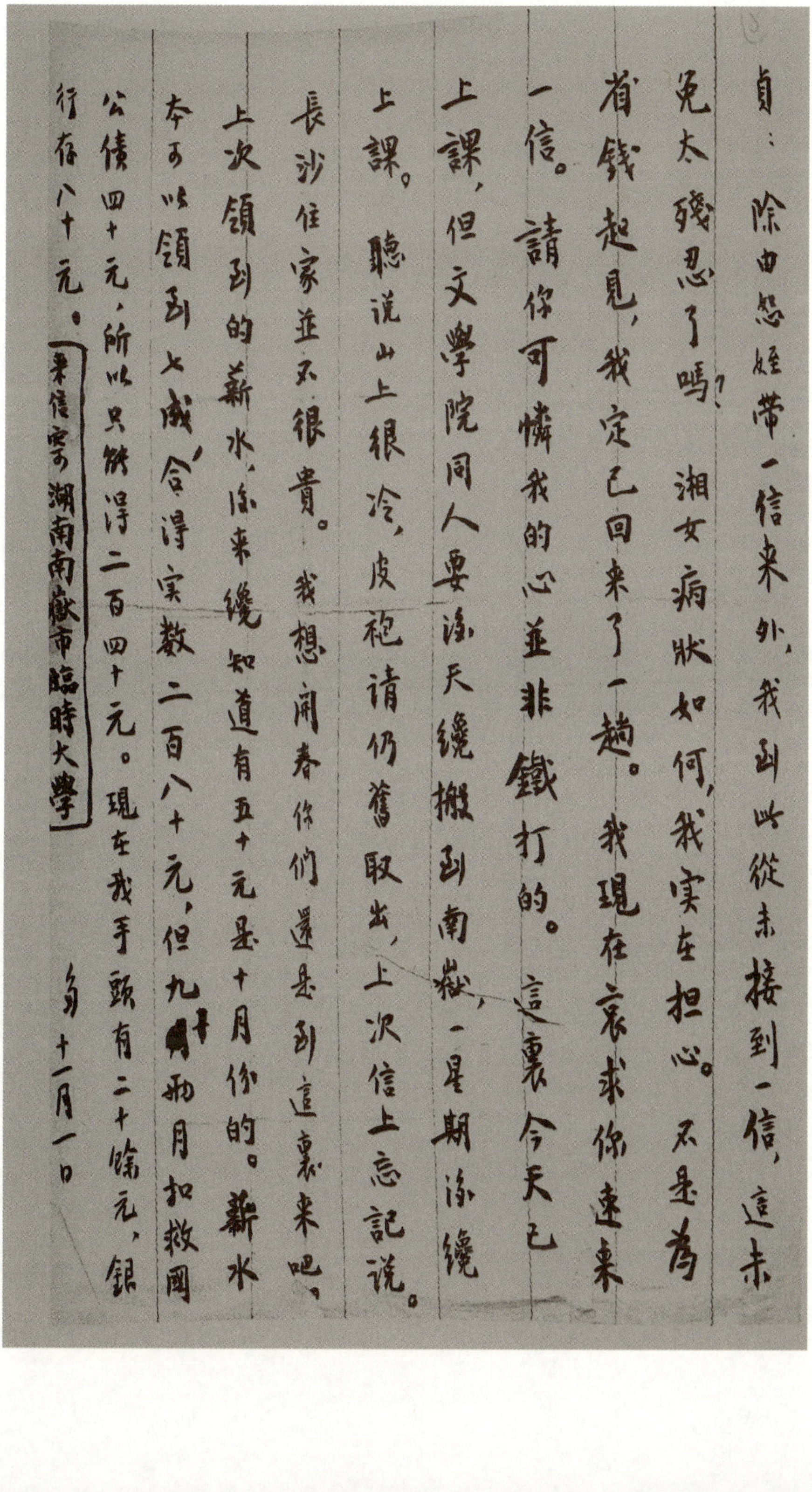
貞：

除由恕姪帶一信来外，我到此從未接到一信，這未免太殘忍了嗎？湘女病狀如何，我实在担心。不是為省錢起見，我定已回来了一趟。我現在哀求你速来一信。請你可憐我的心並非鐵打的。這裏今天已上課，但文學院同人要後天纔搬到南嶽，一星期後纔上課。聽說山上很冷，皮袍請仍舊取出，上次信上忘記說。長沙住家並不很貴。我想開春你們還是到這裏来吧。上次領到的薪水，後来纔知道有五十元是十月份的。薪水本可以領到七成，合得实数二百八十元，但九十兩月扣救國公債四十元，所以只能得二百四十元。現在我手頭有二十餘元，銀行存八十元。

多 十一月一日

来信寄湖南南嶽市臨時大學

第[7]封 家事

贞：

早上写好一明信片，还未发出，下午接到你和雕儿的信，还有小弟大妹的字画，我很高兴。鹤儿无信来，想必还未起床，现在究竟怎样，盼详详细细告诉我，不要一味的只说痊愈。小妹呢？究竟好到什么程度，中间详细经过如何，也务必告诉我。请大舅[①]写一信来亦可。你们都不会写信，真把我急死了。你看我几次回信是如何写的。家中一切的事，不管大小，或是你们心里想的事，都可以告诉我，愈详细愈好。鹤儿不能起来，他心里想些什么，可以叫他说，由你或雕儿写下来。

你叫他们兄妹四人放乖些，不必常常想我。等我到南岳去后，看看情形，设法早些接你们来长沙。我最怕他们生病，别的都没有大关系。前

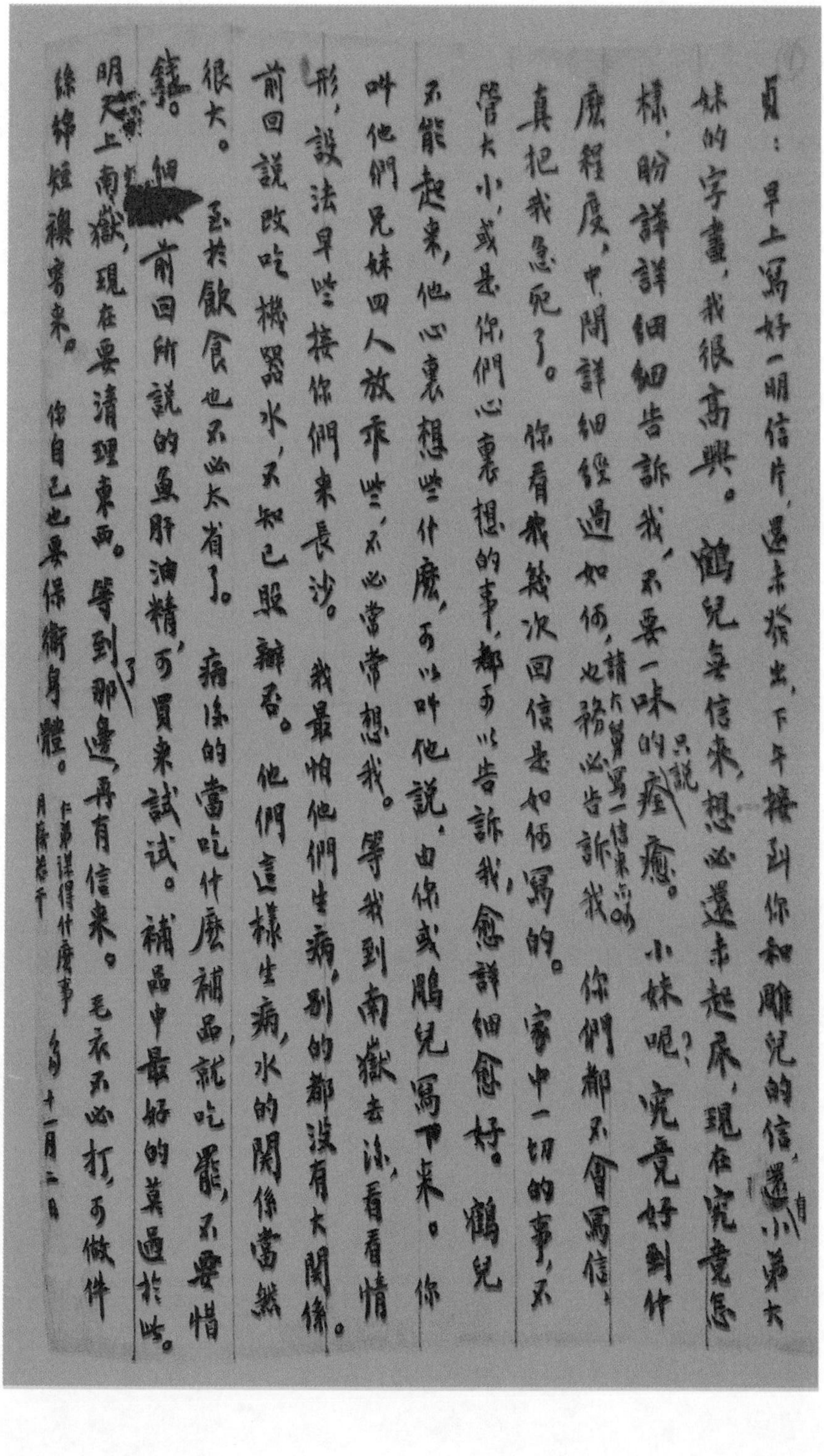

貞：早上寫好一明信片，還未發出，下午接到你和雕兒的信，還有小弟大妹的字畫，我很高興。鶴兒每信來，想必還未起床，現在究竟怎樣，盼詳詳細細告訴我，不要一味的只說痊愈。小妹呢？究竟好到什麼程度，中間詳細經過如何，請大哥寫一信來亦可，也務必告訴我。你們都不會寫信，真把我急死了。你看我幾次回信是如何寫的。家中一切的事，不管大小，或是你們心裏想的事，都可以告訴我，愈詳細愈好。鶴兒不能起來，他心裏想些什麼，可以叫他說，由你或鵬兒寫下來。你叫他們兄妹四人放乖些，不必常常想我。等我到南嶽去後，看看情形，設法早些接你們來長沙。我最怕他們生病，別的都沒有大關係。前回說改吃機器水，不知已服雞否。他們這樣生病，水的關係當然很大。至於飲食也不必太省了。病後的當吃什麼補品就吃罷，不要惜錢。[redacted]前回所說的魚肝油精，可買來試試。補品中最好的莫過於此。明天上南嶽，現在要清理東西。等到了那邊，再有信來。毛衣不必打，可做件絲棉短襖寄來。你自己也要保衛身體。

上弟課得什麼事

月薪若干

翁 十一月二日

回说改吃机器水，不知已照办否。他们这样生病，水的关系当然很大。至于饮食也不必太省了。病后的当吃什么补品，就吃罢，不要惜钱。细叔[2]前回所说的鱼肝油精，可买来试试。补品中最好的莫过于此。明天上南岳，现在要清理东西。等到了那边，再有信来。毛衣不必打，可做件丝棉短袄寄来。你自己也要保卫身体。

仁弟[3]谋得什么事，月薪若干？

多

十一月二日

（根据手书刊印）

①闻一多的内兄高孝慈。②闻一多的胞弟闻家驷。③闻一多的内弟高孝仁。

第 [8] 封 南岳

贞：

本应到这里就写信给你，现在过了好几天才动笔，根本原因还是懒，请你原谅。原来希望到南岳来，饮食可以好点，谁知道比长沙还不如。还是一天喝不到一次真正的开茶。至于饭菜，真是出生以来没有尝过的。饭里满是沙，肉是臭的，蔬菜大半是奇奇怪怪的树根草叶一类的东西。一桌八个人共吃四个荷包蛋，而且不是每天都有的。

记得在家时，你常说我到长沙吃好的，你不知道比起我来，你们在家里的人是天天过年！不过还有一线希望。现在是包饭，将来打算换个厨子，由我们自己管账，或者要好点。今天和孙国华（清华同事，住北院）上街，共吃了廿个饺子，一盘炒鸡蛋，一碗豆腐汤，总算开了荤。

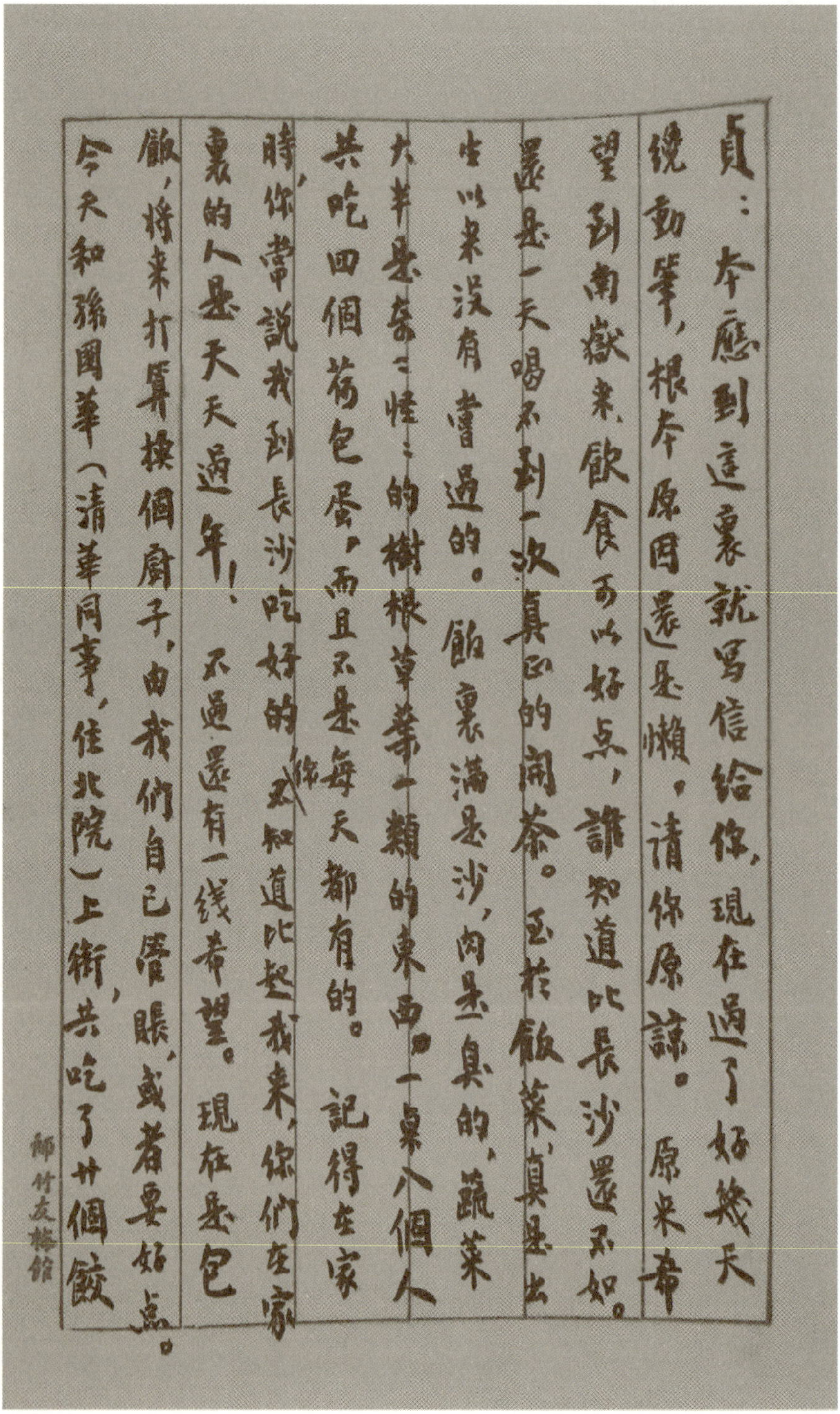
貞：本應到這裏就寫信給你，現在過了好幾天總動筆，根本原因還是懶。請你原諒。原來希望到南嶽來，飲食可以好點，誰知道比長沙還不如。還是一天喝不到一次真正的開水。至於飯菜，真是出生以來沒有嘗過的。飯裏滿是沙，肉是臭的，蔬菜大半是奇奇怪怪的樹根草葉一類的東西。一桌八個人共吃四個荷包蛋，而且不是每天都有的。記得在家時，你常說我到長沙吃好的，你不知道比起我來，你們在家裏的人是天天過年！不過還有一綫希望。現在是包飯，將來打算換個廚子，由我們自己管賬，或者要好點。今天和孫國華（清華同事，住北院）上街，共吃了廿個餃

師竹友梅館

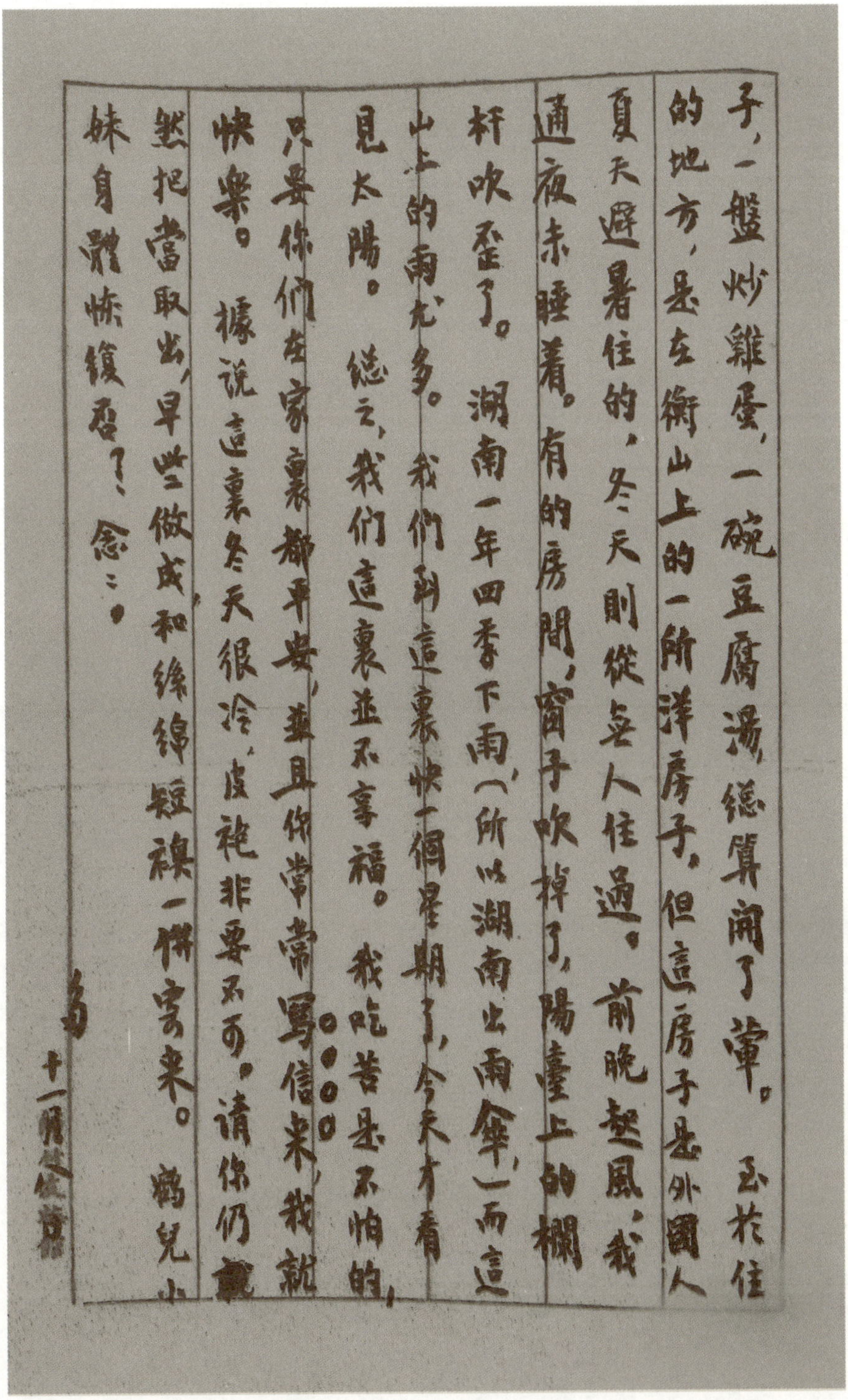

子，一盤炒雞蛋，一碗豆腐湯，總算開了葷。 玉於住的地方，是在衡山上的一所洋房子，但這房子是外國人夏天避暑住的，冬天則從無人住過。 前晚起風，我通夜未睡着。有的房間，窗子吹掉了，陽臺上的欄杆吹歪了。 湖南一年四季下雨（所以湖南出雨傘）而這山上的雨尤多。 我們到這裏快一個星期了，今天才看見太陽。 總之，我們這裏並不享福。 我吃苦是不怕的，〇〇〇只要你們在家裏都平安，並且你常常寫信來，我就快樂。 據說這裏冬天很冷，皮袍非要不可。請你仍然把當取出，早些做成和綠綿短襖一件寄來。 鶴兒小妹身體恢復否？ 念念。

[illegible]

十一月[illegible]

至于住的地方，是在衡山上的一所洋房子，但这房子是外国人夏天避暑住的，冬天则从无人住过。前晚起风，我通夜未睡着。有的房间，窗子吹掉了，阳台上的栏杆吹歪了。湖南一年四季下雨（所以湖南出雨伞），而这山上的雨尤多。我们到这里快一个星期了，今天才看见太阳。总之，我们这里并不享福。我吃苦是不怕的，只要你们在家里都平安，并且你常常写信来，我就快乐。据说这里冬天很冷，皮袍非要不可，请你仍然把当取出，早些做成，和丝棉短袄一并寄来。鹤儿小妹身体恢复否？念念。

多

十一月八日

（根据手书刊印）

第 [9] 封 存款

贞：

两次信均已收到。十月份经费据说已来，但薪水尚未发下。一俟发下，定即寄归。我手中亦只有十余元。在长沙大陆银行存了五十元，不拟挪用，并且这里离长沙太远，也无法取出。细叔钱，如薪水不拖欠，每月定至少还二十元，请你转告他。如果能多还点，我也想早些还清。大司夫处所存箱内有何急需之物，如有，可汇款去，令他寄归。如无急用之物，可暂不寄。金城银行所存五十元，想未取出。最好不要动用，以备万一。

鹤湘二人病愈，我甚快乐，但雕功课不及格，则又令我忧愁。你务必时时劝诫他要用心些。你脚痛，想系过于劳苦。但多穿点貞：兩次信均已收到。十月份經費據說已來，但薪水尚未發下。一俟發下，定即寄歸。我手中只有十餘元。在長沙大陸銀行存了五十元，不擬挪用，並且這裏離長沙太遠，也無法取出。細叔錢，如薪水不拖欠，每月定至少還二十元，請你轉告他。如果能多還點，我也想早些還清。大哥大嫂所存箱內有何急需之物，如有，可匯款去，令他寄歸。如無急用之物，可暫不寄。金城銀行所存五十元，想未取出。最好不要動用，以備萬一。鶴湘二人病癒，我甚快樂，但鵰功課不及格，則又令我憂愁。你務必時時勸誡他要用心些。你腳痛，想係過於勞苦。但多穿點衣服，想必有好處，因為熱天未痛而冷天痛，必與受涼有關係。我年假當然要回來。我這裏一切都好，飲食近也改良了。自從趙來，天天也有熱茶喝，因他有一個洋油爐子。名女耳痛好否？勸雕用心，關名放乖些，鶴多晒太陽。

多

十一月十六日

我們前天已開始上課

衣服，想必有好处，因为热天未痛而冷天痛，必与受凉有关系。我年假当然要回来。我这里一切都好，饮食近也改良了。自公超来，天天也有热茶喝，因他有一个洋油炉子。名女耳痛好否？劝雕用心，朋名放乖些，鹤多晒太阳。

多

十一月十六日

我们后天（十八）开始上课。

（根据手书刊印）

第[10]封 棉袄

贞：

丝棉袄已收到，但送来时，包袱上破一窟窿，衣服也破一块，不知是老鼠啮的，还是被什么东西戳破的。叫人打一补绽，化了我五分钱。上星期寄来的十块钱，想已收到。这里薪水还未领到。据说本月底金城银行要来设办事处。本来即令薪水领到，没有银行，还是无法兑现的。

你脚痛现在好了没有？孩子们都好否？你前次来信提到为大舅谋事，这事本来常常在我心上，到长沙后我也留心过，但现在尚无机会。为目前计，孝仁既已有事，又减轻一分担负，他们月费不够，你可以斟酌增加一点。只要清华薪水能继续发七成，就仍然给他们二十元，亦无不可。校中有一星期的寒假，将来我定再请假一星期，回来看你们。

多

廿七日①

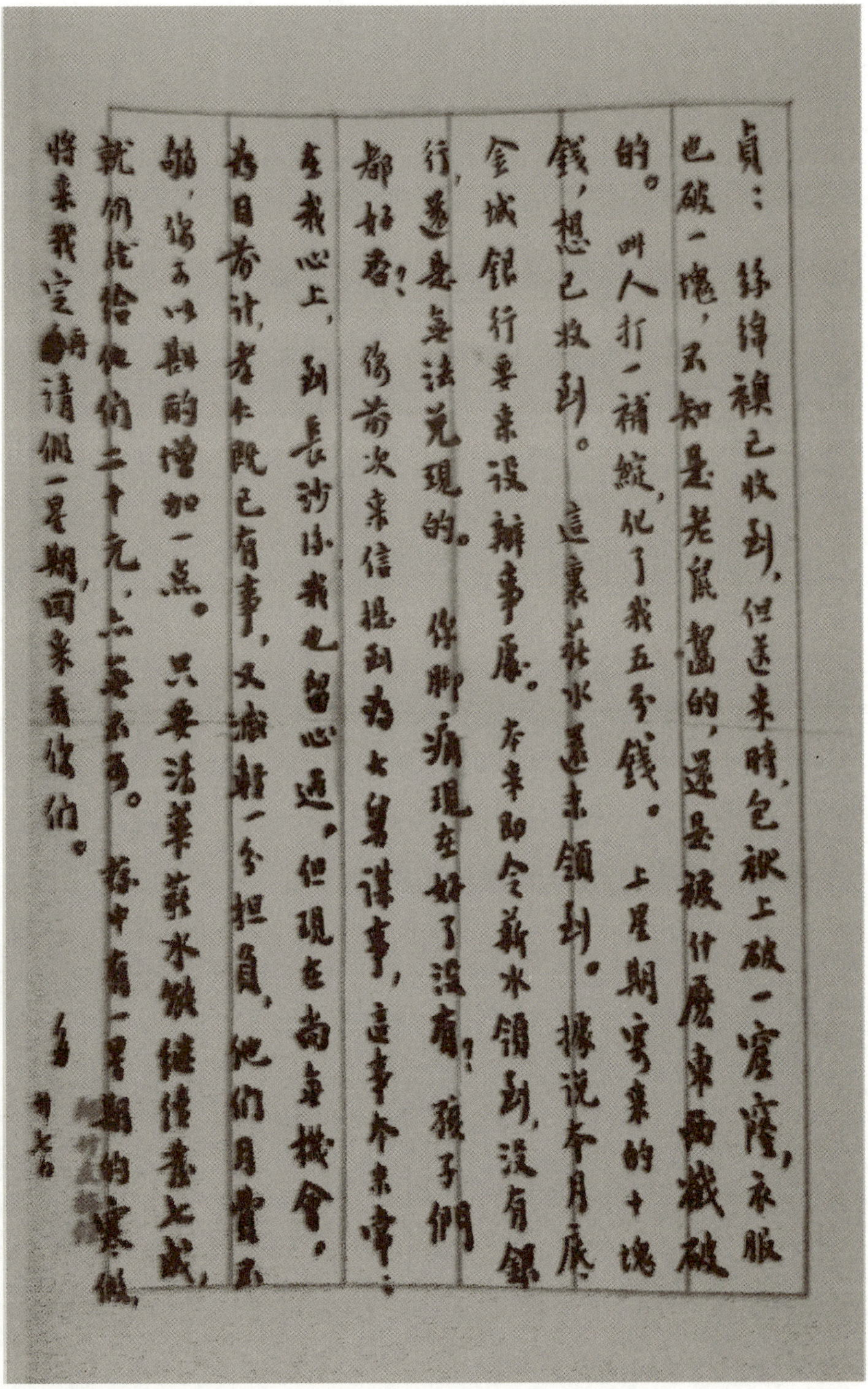

貞：絲綿襖已收到，但送來時，包袱上破一窟窿，衣服也破一塊，不知是老鼠齧的，還是被什麼東西戳破的。叫人打一補綻，化了我五分錢。上星期寄來的十塊錢，想已收到。這裏薪水還未領到。據說本月底金城銀行要來設辦事處。本來即令薪水領到，沒有銀行，還是無法兌現的。你腳痛現在好了沒有？孩子們都好麼？你前次來信提到為七舅謀事，這事本來常常在我心上，到長沙后我也留心過，但現在尚無機會，為目前計，老本既已有事，又減輕一分担負，他們自當不錯，你不必期望他們增加一點。只要清華薪水能繼續發七成，就仍能給他們二十元，也無不可。校中有一星期的寒假，將來我定要請假一星期，回來看你們。

多

廿七日

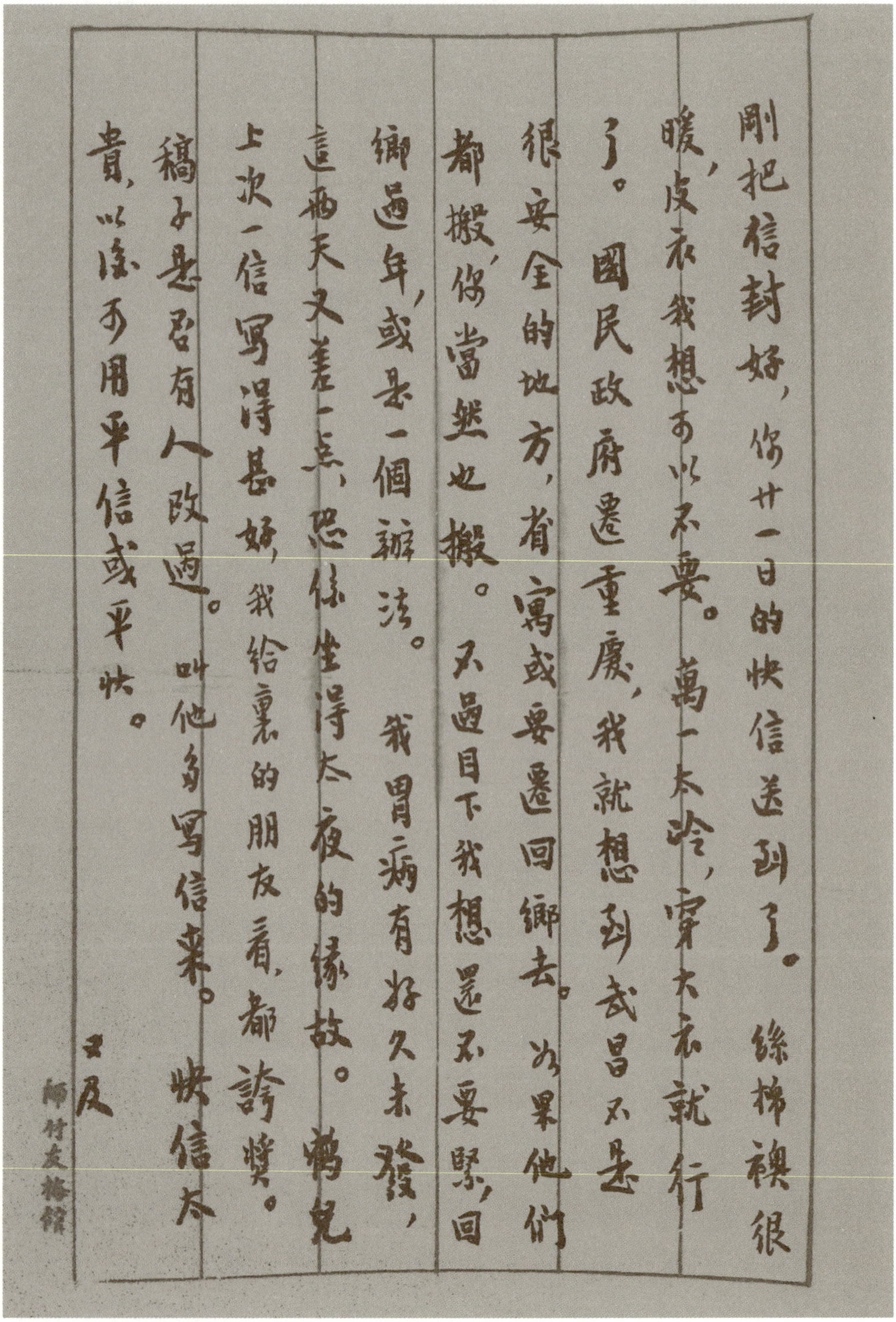
剛把信封好，你廿一日的快信送到了。絲棉襖很暖，皮衣我想可以不要。萬一太冷，穿大衣就行了。國民政府遷重慶，我就想到武昌不是很安全的地方，省寓或要遷回鄉去。如果他們都搬，你當然也搬。不過目下我想還不要緊，回鄉過年，或是一個辦法。我胃病有好久未發，這兩天又差一点，恐係坐得太夜的緣故。鶴兒上次一信寫得甚好，我給裏的朋友看，都誇獎。稿子是否有人改過。叫他多寫信來。快信太貴，以後可用平信或平快。

父

師竹友梅館

刚把信封好，你廿一日的快信送到了。丝棉袄很暖，皮衣我想可以不要。万一太冷，穿大衣就行了。国民政府迁重庆，我就想到武昌不是很安全的地方，省寓或要迁回乡去。如果他们都搬，你当然也搬。不过目下我想还不要紧，回乡过年，或是一个办法。

我胃病有好久未发，这两天又差一点，恐系坐得太夜的缘故。鹤儿上次一信写得甚好，我给里[2]的朋友看，都夸奖。稿子是否有人改过。叫他多写信来。快信太贵，以后可用平信或平快。

又及

（根据手书刊印）

①此信写于 11 月。②为使语句通顺，“里”应为“这里”。

第[11]封 教子

贞：

汇来百元，想已收到。不知目下已动身回乡否。如船只方便，总以早去为妙。顷又由金城汇来百元，交父亲支配。所欠细叔之款，暂时可勿还。在此时候，只求大家能生存，不必算私帐也。汝此次所收到之百元，除开消外，尚余若干，望即告我。回乡后，日用应可减少，手中之钱，务当撙节为要。因以后学校移桂林，汇款更费时日，且亦未必随时有款可汇也。

本拟寒假回家一行，现又往桂林移，将来能否案时回来，殊成问题。鹤儿来函云彼等如何念我，读之令我心酸，惟此次之信又较前进步，不但词能达意，且甚有曲折，又使我转悲为喜也。回乡后，务令鹤雕等

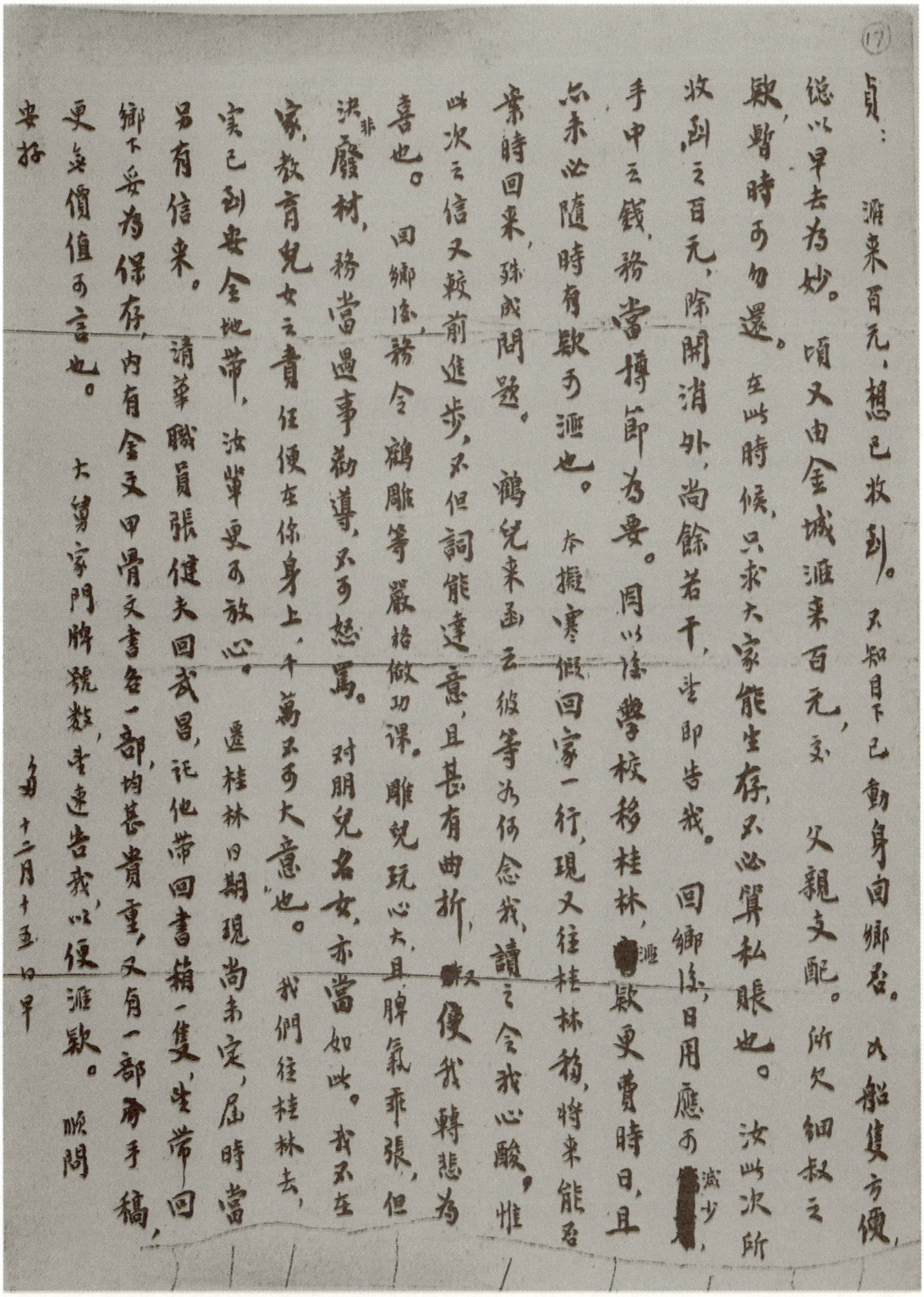
(17)
貞：滙来百元，想已收到。又知目下已動身向鄉君。以船隻方便，
總以早去為妙。頃又由金城滙来百元，並父親支配。所欠細叔之
款，暫時可勿還。在此時候，只求大家能生存，不必算私賬也。汝此次所
收到之百元，除開消外，尚餘若干，望即告我。回鄉後，日用應可[redacted]減少，
手中之錢，務當撙節為要。因以後學校移桂林，[redacted]滙款更費時日，且
亦未必隨時有款可滙也。本擬寒假回家一行，現又往桂林矣，將来能否
業時回来，殊成問題。鶴兒来函云彼等為何念我，讀之令我心酸，惟
此次之信又較前進步，不但詞能達意，且甚有曲折，[redacted]反使我轉悲為
喜也。回鄉後，務令鶴雕等嚴格做功課。雕兒玩心大，且脾氣乖張，但
決非廢材，務當遇事勸導，不可惡罵。對朋兒名女，亦當如此。我不在
家，教育兒女之責任便在你身上，千萬不可大意也。我們往桂林去，
實已到安全地帶，汝輩更可放心。遷桂林日期現尚未定，屆時當
另有信來。請華職員張健夫回武昌，託他帶回書箱一隻，望帶回
鄉下妥為保存，內有金文甲骨文書各一部，均甚貴重，又有一部分手稿，
更無價值可言也。大舅家門牌號數，望速告我，以便滙款。順問
安好
易 十二月十五日早

严格做功课。雕儿玩心大，且脾气乖张，但决非废材，务当遇事劝导，不可怒骂。对朋儿名女，亦当如此。我不在家，教育儿女之责任便在你身上，千万不可大意也。

我们往桂林去，实已到安全地带，汝辈更可放心。迁桂林日期现尚未定，届时当另有信来。清华职员张健夫回武昌，托他带回书箱一只，望带回乡下妥为保存，内有金文甲骨文书各一部，均甚贵重，又有一部分手稿，更无价值可言也。大舅家门牌号数，望速告我，以便汇款。

顺问

安好

多

十二月十五日早

（根据手书刊印）

第 [12] 封 撙节

贞：

前次告诉你们搬桂林的消息，使你和儿辈失望。今天再告诉你们一个搬近了的消息，你们应该高兴了。如果搬到长沙，再加上战事不太紧急，我拟先回家一看。同人们请假的颇多，所以我这时请一二星期的假，实际上也无大关系。这次所开两门功课，听讲的人数甚多，似乎是此间最大的班，我讲得也很起劲，可惜大局不定，学生不能真正安心听受耳。

再报告你一件大事。纸烟寻常一天吃两包，现在改为两天吃一包。现在做到这一步，已经很不容易了，将来或者能完全戒断，等将来再说罢。十八日与二十日两信，均已收到，我并不生气。但我仍旧是那一句

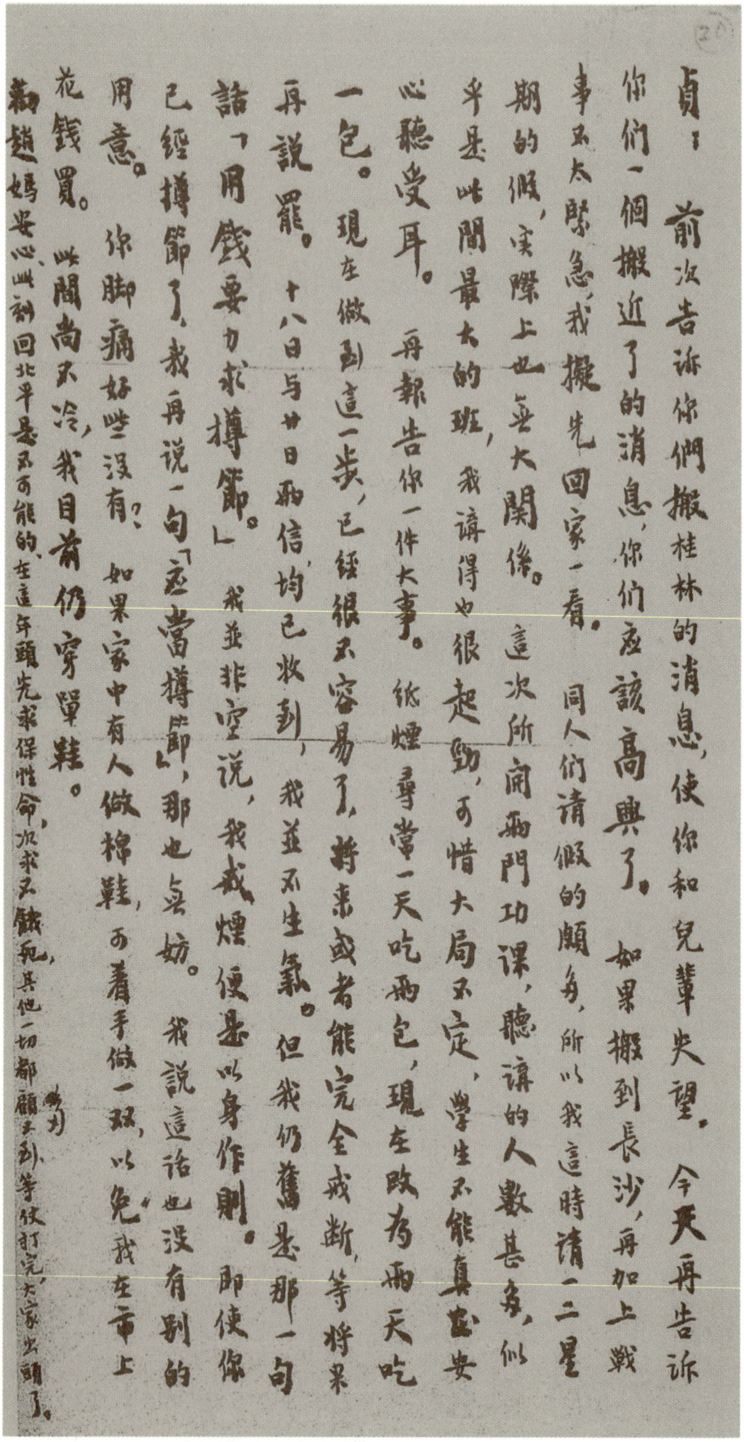

貞：前次告诉你們搬桂林的消息，使你和兒輩失望。今天再告訴你们一個搬近了的消息，你们應該高興了。如果搬到長沙，再加上戰事不太緊急，我擬先回家一看。同人们請假的頗多，所以我這時請一二星期的假，实際上也無大關係。這次所開兩門功課，聽講的人數甚多，似乎是此間最大的班，我講得也很起勁，可惜大局不定，學生不能真正安心聽受耳。再報告你一件大事。紙煙尋常一天吃兩包，現在改為兩天吃一包。現在做到這一步，已經很不容易了，將来或者能完全戒斷，等將来再說罷。十八日与廿日兩信均已收到，我並不生氣。但我仍舊是那一句話「用錢要力求撙節。」我並非空说，我戒煙便是以身作則。即使你已經撙節了，我再说一句「應當撙節」，那也無妨。我說這話也没有別的用意。你脚痛好些没有？如果家中有人做棉鞋，可着手做一雙，以免我在市上花錢買。此間尚不冷，我目前仍穿單鞋。

勸趙媽安心，此刻回北平是不可能的，在這年頭先求保性命，次求不餓死，其他一切都顧不到，等仗打完，大家出頭了。

话“用钱要力求撙节”。我并非空说，我戒烟便是以身作则。即使你已经撙节了，我再说一句“应当撙节”，那也无妨。我说这话也没有别的用意。你脚痛好些没有？如果家中有人做棉鞋，可着手做一双，以免我在市上花钱买。此间尚不冷，我目前仍穿单鞋。

多[①]

劝赵妈安心，此刻回北平是不可能的，在这年头先求保性命，次求不饿死，其他一切都顾不到，等仗打完，大家出头了。

（根据手书刊印）

①此信写于12月。

【第贰章】暂别愁断肠

『路上做梦总是和你吵嘴，不知道这梦要做到何年何月为止！』

『这次你来了，以后我当然决不再离开你，无论如何，我决不再离开你一步，我想，你也是这样想吧？』

这些信写于1938年。闻一多孤身在外，跟随学校四处转移、漂泊，时刻担心着家里，想让妻子孩子尽快来，但又担心路上各种危险；想回家去接妻儿来，又实在脱不开身，真是纠结得很！

第 [13] 封 解释

贞：

此次不就教育部事[①]，恐又与你的意见[②]，我们男人的事业心重，往往如此，你得原谅，你所需茶叶等物已托三哥购就带回，大司夫钱已汇去。此刻甚忙，至长沙再详细谈。

多[③]

（根据手书刊印）

①“此次不就教育部事”：顾毓琇至汉口教育部任职后，曾邀闻一多出来共事，闻未就。②“恐又与你的意见”：此处疑有脱漏。③此信写于 1 月下旬。

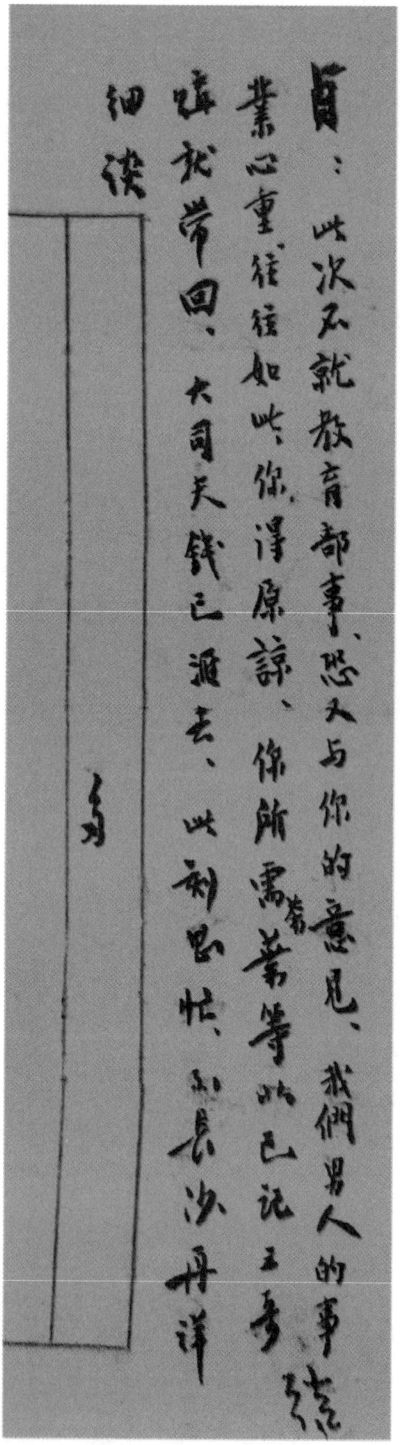
貞：此次不就教育部事，恐又与你的意見，我們男人的事業心重，往往如此，你得原諒，你所需茶葉等物已託王多孫姪就帶回，大司夫錢已滙去，此刻恐忙，和長沙再詳細談

多

第 [14] 封 步行

贞：

昨晚到此，始知同人已有数批出发了。我即须照相，以备护照之用。其他琐事甚多，幸而未在家中过年，不然将来不及矣。学生将由公路步行入滇，教职员均取道香港海防去，校中津贴六十余元，但有多人将此款捐助寒苦学生作津贴，此事系公超发起，我将来恐亦不得不捐出，如此则路费须自己担负矣。又同人乘二等车者居多，因二等可包专车（每车二十四人），三等人数过多，不能包用。我因结伴关系，或亦将乘二等，如此则用费又须超出。校中派有专人在香港海防招待旅行事务，香港派公超，海防派陈福田，陈已启程，公超二月三日去。一月份薪水已发，日内即去领取。三哥想已到家，

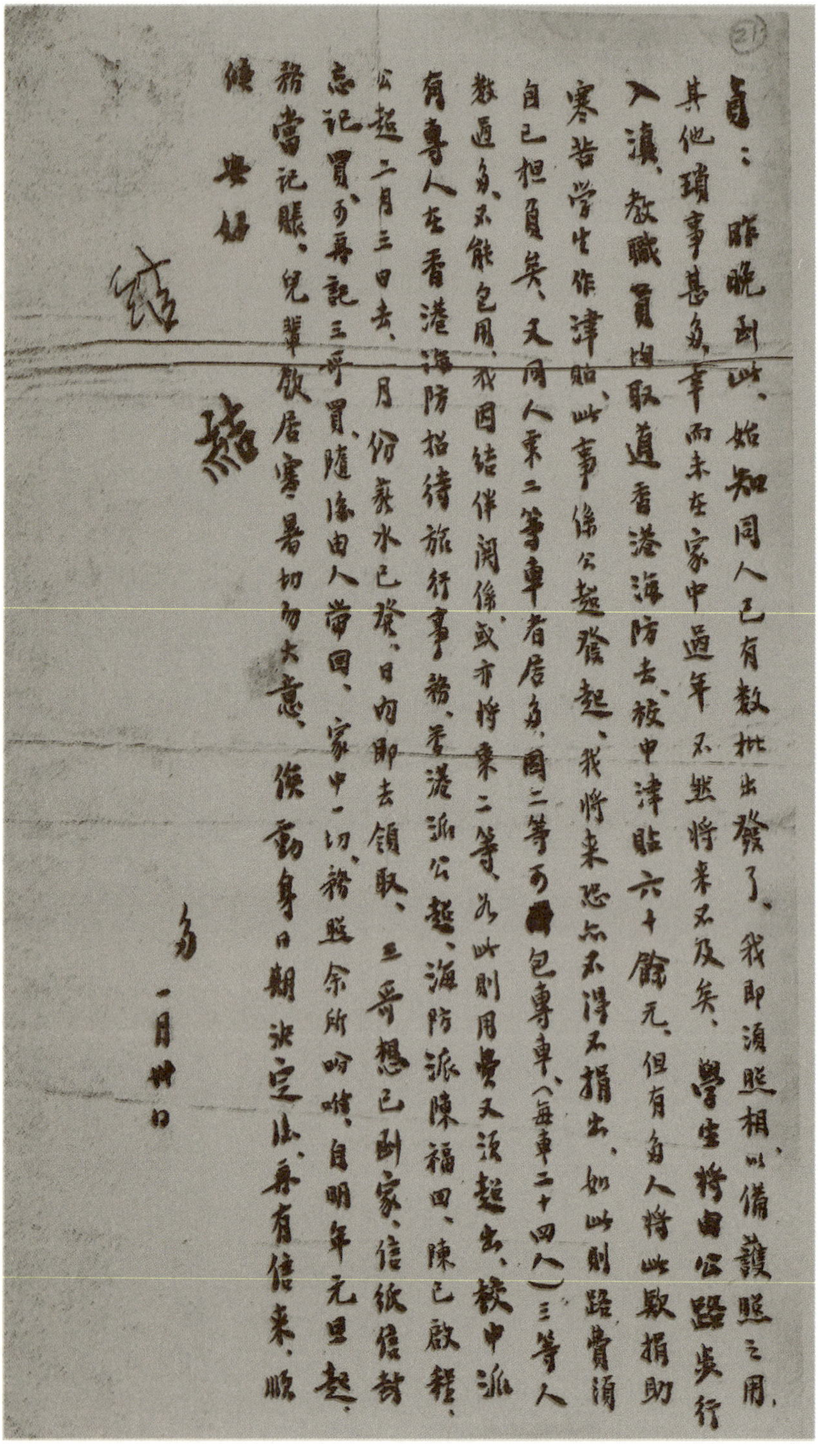

貞：昨晚到此，始知同人已有數批出發了，我即須照相，以備護照之用，其他瑣事甚多，幸而未在家中過年，不然將來不及矣。學生將由公路步行入滇，教職員則取道香港海防去，校中津貼六十餘元，但有多人將此款捐助寒苦學生作津貼，此事係公超發起，我將來恐亦不得不捐出，如此則路費須自己擔負矣。又同人乘二等車者居多，因二等可[illegible]包專車（每車二十四人），三等人數過多，不能包用，我因結伴關係，或亦將乘二等，如此則用費又須超出。校中派有專人在香港海防招待旅行事務，香港派公超，海防派陳福田，陳已啟程，公超二月三日去。月份薪水已發，日內即去領取。三哥想已到家，信紙信封忘記買，可再託三哥買，隨後由人帶回。家中一切，務照余所吩咐，自明年元旦起，務當記賬。兒輩飲居寒暑切勿大意。俟動身日期決定後，再有信來。順頌

安好

多

一月卅日

信纸信封忘记买，可再托三哥买，随后由人带回。家中一切，务照余所吩咐，自明年元旦[1]起，务当记账。儿辈饮居寒暑切勿大意。俟动身日期决定后，再有信来。

顺候

安好

多

一月卅日

（根据手书刊印）

①指旧历年。

第 [15] 封 离愁

贞：

此次出门来，本不同平常，你们一切都时时在我挂念之中，因此盼望家信之切，自亦与平常不同。然而除三哥为立恕的事，来过两封信外，离家将近一月，未接家中一字。这是什么缘故？出门以前，曾经跟你说过许多话，你难道还没有了解我的苦衷吗？出这样的远门，谁情愿，尤其在这种时候？一个男人在外边奔走，千辛万苦，不外是名与利。名也许是我个人的事，但名是我已经有了的，并且在家里反正有书可读，所以在家里并不妨害我得名。这回出来唯一目的，当然为的是利。讲到利，却不是我个人的事，而是为你我，和你我的儿女。何况所谓利，也并不是什么分外的利，只是求将来得一温饱，和儿女的教育费而已。这

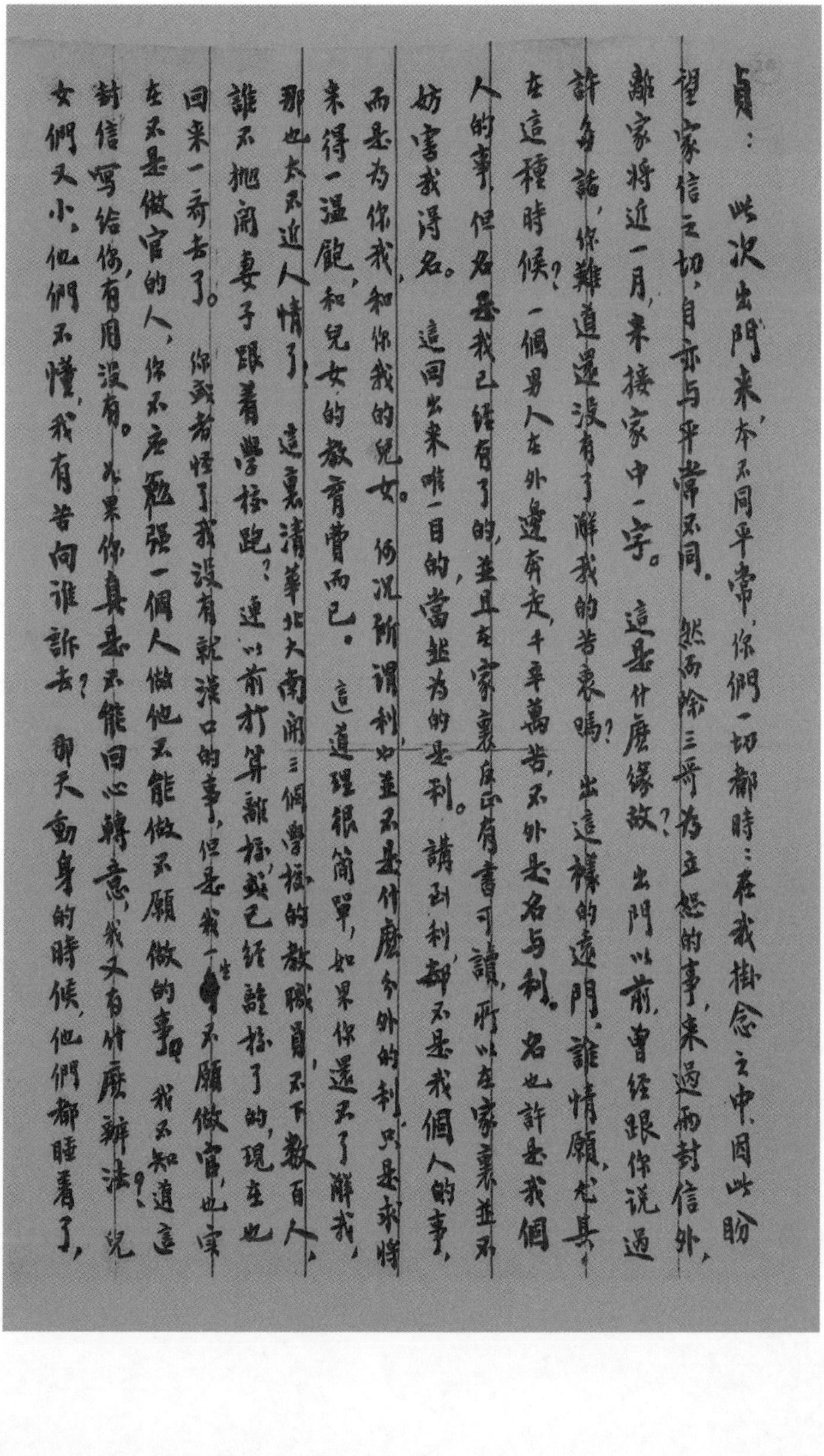

貞：　此次出門来，本不同平常，你們一切都時時在我掛念之中，因此盼
望家信之切，自亦与平常不同。然而除三哥為立恕的事，来過兩封信外，
離家将近一月，未接家中一字。這是什麼緣故？出門以前，曾經跟你說過
許多話，你難道還没有了解我的苦衷嗎？出這樣的遠門，誰情願，尤其
在這種時候？一個男人在外邊奔走，千辛萬苦，不外是名与利。名也許是我個
人的事，但名是我已經有了的，並且在家裏亦有書可讀，所以在家裏並不
妨害我得名。這回出来唯一目的，當然為的是利。講到利，都不是我個人的事，
而是為你我，和你我的兒女。何況所謂利，也並不是什麼分外的利，只是求將
来得一温飽，和兒女的教育費而已。這道理很簡單，如果你還不了解我，
那也太不近人情了。這裏清華北大南開三個學校的教職員，不下數百人，
誰不拋開妻子跟着學校跑？連以前打算離校，或已經離校了的，現在也
回来一齊去了。你或者怪了我没有就漢口的事，但是我一生不願做官，也实
在不是做官的人，你不应勉強一個人做他不能做不願做的事。我不知道這
封信寫給你有用没有。如果你真是不能回心轉意，我又有什麼辦法？兒
女們又小，他們不懂，我有苦向誰訴去？那天動身的時候，他們都睡着了，

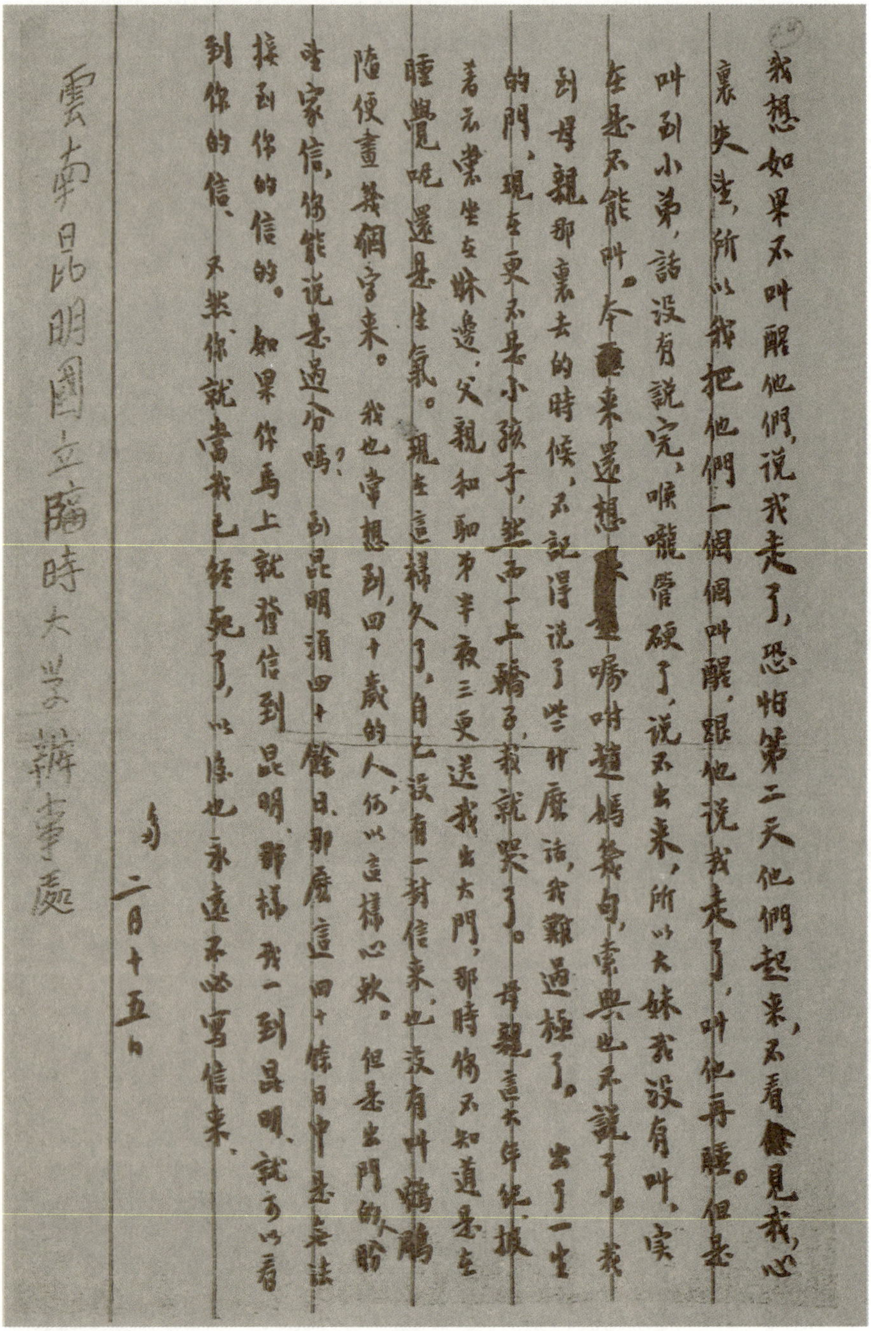

我想如果不叫醒他們，說我走了，恐怕第二天他們起来，不看見我，心裏失望，所以我把他們一個個叫醒，跟他說我走了，叫他再睡。但是叫到小弟，話没有說完，喉嚨便硬了，說不出来，所以大妹我没有叫，实在是不能叫。今[illegible]来還想[redacted]囑咐趙媽幾句，索興也不讓了。我到母親那裏去的時候，不記得說了些什麽話，我難過極了。出了一生的門，現在更不是小孩子，然而一上轎子，我就哭了。母親這大年紀，摟著我坐在牀邊，父親和駟弟半夜三更送我出大門，那時你不知道是在睡覺呢還是生氣。現在這樣久了，自己没有一封信来，也没有叫鵰鵰隨便畫幾個字来。我也常想到，四十歲的人，何以這樣心軟。但是出門的人盼望家信，你能說是過分嗎？到昆明須四十餘日，那麽這四十餘日中是無法接到你的信的。如果你馬上就寄信到昆明，那樣我一到昆明，就可以看到你的信。不然你就當我已經死了，以後也永遠不必寫信来。

多
二月十五日

雲南昆明國立臨時大學辦事處

道理很简单，如果你还不了解我，那也太不近人情了！这里清华北大南开三个学校的教职员，不下数百人，谁不抛开妻子跟着学校跑？连以前打算离校，或已经离校了的，现在也回来一齐去了。

你或者怪了我没有就汉口的事①，但是我一生不愿做官，也实在不是做官的人，你不应勉强一个人做他不能做不愿做的事。我不知道这封信写给你，有用没有。如果你真是不能回心转意，我又有什么办法？儿女们又小，他们不懂，我有苦向谁诉去？那天动身的时候，他们都睡着了，我想如果不叫醒他们，说我走了，恐怕第二天他们起来，不看见我，心里失望，所以我把他们一个个叫醒，跟他说我走了，叫他再睡。但是叫到小弟，话没有说完，喉咙管硬了，说不出来，所以大妹我没有叫，实在是不能叫。本来还想嘱咐赵妈几句，索兴也不说了。

我到母亲那里去的时候，不记得说了些什么话，我难过极了。出了一生的门，现在更不是小孩子，然而一上轿子，我就哭了。母亲这大年纪，披着衣裳坐在床边，父亲和驷弟半夜三更送我出大门，那时你不知道是在睡觉呢还是生气。现在这样久了，自己没有一封信来，也没有叫鹤雕随便画几个字来。我也常想到，四十岁的人，何以这样心软。但是出门的人盼望家信，你能说是过分吗？到昆明须四十余日，那么这四十余日中是无法接到你的信的。如果你马上就发信到昆明，那样我一到昆明，就可以看到你的信。不然，你就当我已经死了，以后也永远不必写信来。

多

二月十五日

（根据手书刊印）

①指未就教育部职一事。

第[16]封 旅程

贞：

四月廿八日抵昆明，看到你和鹤雕两儿三月三日的信，你信上说以前还写过三封信来，但我没有接到。据说有的邮件已转到蒙自去了，你那三封信，或者到蒙自可以看到。我们自从二月廿日从长沙出发，四月廿八日到昆明，总共在途中六十八天，除沿途休息及因天气阻滞外，实际步行了四十多天。全团师生及伙夫共三百余人，中途因病或职务关系退出团体，先行搭车到昆明者四十余人，我不在其中。教授五人中有二人中途退出，黄子坚因职务关系先到昆明，途中并时时坐车，袁希渊则因走不动，也坐了许多次的车，始终步行者只李继侗曾昭抡和我三人而已。我们到了昆明后，自然人人惊讶并表示钦佩。杨今甫在长沙貞：四月廿八日抵昆明，看到你和鶴鵰兩兒三月三日的信，你信上說以前還寫過三封信來，但我沒有接到。據說有的郵件已轉到蒙自去了，你那三封信，或者到蒙自可以看到。我們自從二月廿日從長沙出發，四月廿八日到昆明，總共在途中六十八天，除沿途休息及因天氣阻滯外，實際步行了四十多天。全團師生及伙夫共三百餘人，中途因病或職務關係退出團體，先行搭車到昆明者四十餘人，我不在其中。教授五人中有二人中途退出，黃子堅因職務關係先到昆明，途中並時時坐車，袁希淵則因走不動，也坐了許多次的車，始終步行者只李繼侗曾昭掄和我三人而已。我們到了昆明後，自然人人驚訝並表示欽佩。楊今甫在長沙時曾對人說"一多加入旅行團，應該帶一具棺材走。"這次我到昆明，見到今甫，就對他說"假使這次我真帶了棺材，現在就可以送給你了。"於是彼此大笑一場。途中許多人有些小毛病常常找醫生，吃藥，我也一次沒有。現在我可以很高興的告訴你，我的身體實在不壞，經過了這次鍛鍊以後，自然是更好了。現在是滿面紅光，能吃能睡，走起路來，健步如飛，更不必說了。途中苦雖苦，但並不像當初所想象的那樣苦。第一，沿途東西便宜，每人每天四毛錢的伙食，能吃得很好。打地鋪睡覺，走累了之後也一樣睡着，臭蟲，跳蚤實在不少，但我不很怕。一天走六十里路不算麼事，若過了六十里，有時八九十里，有時甚至多到一百里，那就不免叫苦了，但是也居然走到了。至於沿途所看到的風景之美麗奇險，各種的花木鳥獸，各種樣式的房屋器具，和各種裝束的人，真是叫我從何說起！途中做日記的人甚多，我却一個字還沒有寫。十幾年沒畫圖畫，這回却又打動了興趣，畫了五十幾張寫生畫。打算將來做一篇序，敘述全程的印象，一起印出來作一紀念。畫集印出後，我一定先給你們寄回幾本。還有一件東西，不久你就會見到，那就是我旅行時的像片。你將來不要笑，因為我已經蓄了一副極漂亮的鬍鬚。這次搭大隊到昆明，蓄出好幾個鬍子，但大家都說只我與馮芝生的最美。

文法兩院五月三日開始上課，理工兩院或許在兩星期後，因為房屋尚未修理好。我在昆明須多還有三天耽擱。從這裏到蒙自，快車一日可到，但不能帶行李。我因有行李，須坐慢車，在途中一個地方名碧虱寨住一夜，次日始能達时曾对人说，“一多加入旅行团，应该带一具棺材走”，这次我到昆明，见到今甫，就对他说“假使这次我真带了棺材，现在就可以送给你了”，于是彼此大笑一场。途中许多人因些小毛病常常找医生，吃药，我也一次没有。

现在我可以很高兴的告诉你，我的身体实在不坏，经过了这次锻炼以后，自然是更好了。现在是满面红光，能吃能睡，走起路来，举步如飞，更不必说了。途中苦虽苦，但并不像当初所想象的那样苦。第一，沿途东西便宜，每人每天四毛钱的伙食，能吃得很好。打地铺睡觉，走累了之后也一样睡着，臭虫、革蚤[①]、虱实在不少，但我不很怕。一天走六十里路不算么事，若过了六十里，有时八九十里，有时甚至多到一百里，那就不免叫苦了，但是也居然走到了。

至于沿途所看到的风景之美丽、奇险，各种的花木鸟兽，各种样式的房屋器具，和各种装束的人，真是叫我从何说起！途中做日记的人甚多，我却一个字还没有写。十几年没画图画，这回却又打动了兴趣，画了五十几张写生画。打算将来做一篇序，叙述全程的印象，一起印出来作一纪念。画集印出后，我一定先给你们寄回几本。还有一件东西，不久你就会见到，那就是我旅行时的像片。你将来不要笑，因为我已经长了一副极漂亮的胡须。这次临大搬到昆明，搬出好几个胡子，但大家都说只我与冯芝生的最美。

文法两院五月三日开始上课，理工两院或许在两星期后，因为房屋尚未修理好。我在昆明顶多还有三天耽搁。从这里到蒙自，快车一日可到，但不能带行李。我因有行李，须坐慢车，在途中一个地方名壁虱寨住一夜，次日始能达到。所以五日后可以再有信回。

旅行团到的第二天，正碰着清华二十七周年纪念，到会者将近千人，令人忧喜交集。据梅校长报告，清华经费本能十足领到，只因北大南开只能领到六成，所以我们也不能不按六成开支。（薪金按七成发给）我们在路上两个多月，到这里本应领得二、三、四三个月薪金，共八百余元。但目下全校都只领到二月一个月的薪金。听说三四两月不成问题，迟早是要补足的。

你这封信里未详说家中种种情形，不知是否在那三封信里已经说过。我最挂念的是鹤雕二人读书的情形，来信务须详细说明。两儿写信都有进步，我很喜欢。鹤喜作诗，将来能像他父亲，到。所以五日後可以再有信回。

旅行團到的第二天，正碰着清華二十七週年紀念，到會者將近千人，令人憂喜交集。據梅校長報告，清華經費本能十足領到，只因北大南開只能領到六成，所以我們也不能不按六成開支。（薪金按七成發給）我們在路上兩個多月，到這裡本應領得二、三、四三個月薪金，共八百餘元。但目下全校都只領到二月一個月的薪金。聽說三四兩月不成問題，遲早是要補足的。

你這封信裡未詳說家中種種情形，不知是否在那三封信裡已經說過。我最掛念的是鶴鵬二人讀書的情形，來信務須詳細說明。兩兒寫信都有進步，我很喜歡。鶴喜作詩，將來能像他父親，這更叫做父親的說不出的快樂。小弟大妹讀書如何？小小妹沒有瘋病嗎？鵬的耳朵好了否？這些我最關心的事，為何信上都不提？你自己的身體當然我也時時在念。路上做夢總是和你吵嘴，不知道這夢要做到何年何月為止！

昆明很像北京，令人起無限感慨。熊迪之去年到這裏做雲南大學校長，你是知道的。昨天碰見熊太太，她特別問起你。許多清華園裡的人，見我便問大妹。鶴鵬兩人應記得毛應斗先生，他這回是同我們步行來的。這人極好，我也極喜歡他。

今天報載我們又打了勝仗，收復了郯城。武漢擊落敵機廿一架，尤令人奮興。這樣下去，我們回北平的日子或許真不遠了。告訴趙媽不要着急，一切都耐煩些。她若寫信給大司夫，叫她捎一筆說我問過他。

你目下經濟情形如何？每月平均要開支多少，手中還賸多少？日子固然不會過得太好，但也不必太苦。我只要你們知道苦楚，但目下尚不必過於刻苦，以致影響到小兒們身體的發育。大男在何處，他家情況如何，盼告我。

以後來信寫"雲南蒙自國立西南聯合大學。"

多　四月卅日在昆明

这更叫做父亲的说不出的快乐。小弟大妹读书如何？小小妹没有病痛吗？雕的耳朵好了否？这些我最关心的事，为何信上都不提？你自己的身体当然我也时时在念。路上做梦总是和你吵嘴，不知道这梦要做到何年何月为止！

昆明很像北京，令人起无限感慨。熊迪之去年到这里做云南大学校长，你是知道的。昨天碰见熊太太，她特别问起你。许多清华园里的人，见我便问大妹。鹤雕两人应记得毛应斗先生，他这回是同我们步行来的。这人极好，我也极喜欢他。

今天报载我们又打了胜仗，收复了郯城。武汉击落敌机廿一架，尤令人奋兴。这样下去，我们回北平的日子或许真不远了。告诉赵妈不要着急，一切都耐烦些。她若写信给大司夫，叫她提一笔说我问过他。

你目下经济情形如何？每月平均要开支多少，手中还剩多少？日子固然不会过得太好，但也不必太苦。我只要你们知道苦楚，但目下尚不必过于刻苦，以致影响到小儿们身体的发育。大舅在何处，他家情况如何，盼告我。

以后来信寄“云南蒙自国立西南联合大学”。

多

四月卅日在昆明

（根据手书刊印）

①“革蚤”应为“蛇蚤”，跳蚤。

第[17]封 蒙自

贞：

在昆明所发航空信，想已收到。我们五月三日启程来蒙自，当日在开远住宿（前信说在壁虱寨，错误），次日至壁虱寨（地图或称碧色寨）换车，行半小时，即抵蒙自。到此，果有你们的信四封之多，三千余里之辛苦，得此犒赏，于愿足矣！你说以后每星期写一信来，更使我喜出望外。希望你不失信。如果你每星期真有一封信来，我发誓也每星期回你一封。

在先总以为蒙自地方甚大，到此大失所望。数十年前，蒙自本是云南省内第一个繁荣的城市。但当法国人修滇越铁路的时候，愚蠢的蒙自人不知为何誓死反对他通过。于是铁路绕道由壁虱寨经过，于是蒙自的商务都被开远与昆明占去，而自己渐渐变为一个死城了。到如今，这里没有一家饭馆，没有澡堂，文具店里没有浆糊与拍纸簿，广货店里没有帐子。这都是我到此后急于需要的东西，而发现他都没有。

然而有些现象又非常奇怪。这里有的是大洋楼，例如法国海关，法国医院，歌胪士洋行等等，都是关着门没有人住的高楼大厦，现在都以每年三两元的租金租给联合大学作校舍了。自从蒙自觉悟当初反对铁路通过之失策，于是中国自己筑了一条轻便铁道，从壁虱寨经过蒙自与个旧，以至石，名曰壁个石铁路（我们从壁虱寨换车来到蒙自，便是这条铁路）。但是蒙自觉悟太晚了，他的繁荣仍旧无法挽回。直到今天，三百多学生，几十个教职员，因国难关系，逃到这里来讲学，总算给蒙自一阵意外的热闹，可惜这局面是暂时的，而且对于蒙自的补益也有限。总之，蒙自地方很小，生活很简单。因为有些东西本地人用不着，我们却不能不用的，这些东西都是外来的，价钱特别贵，所以我们初到

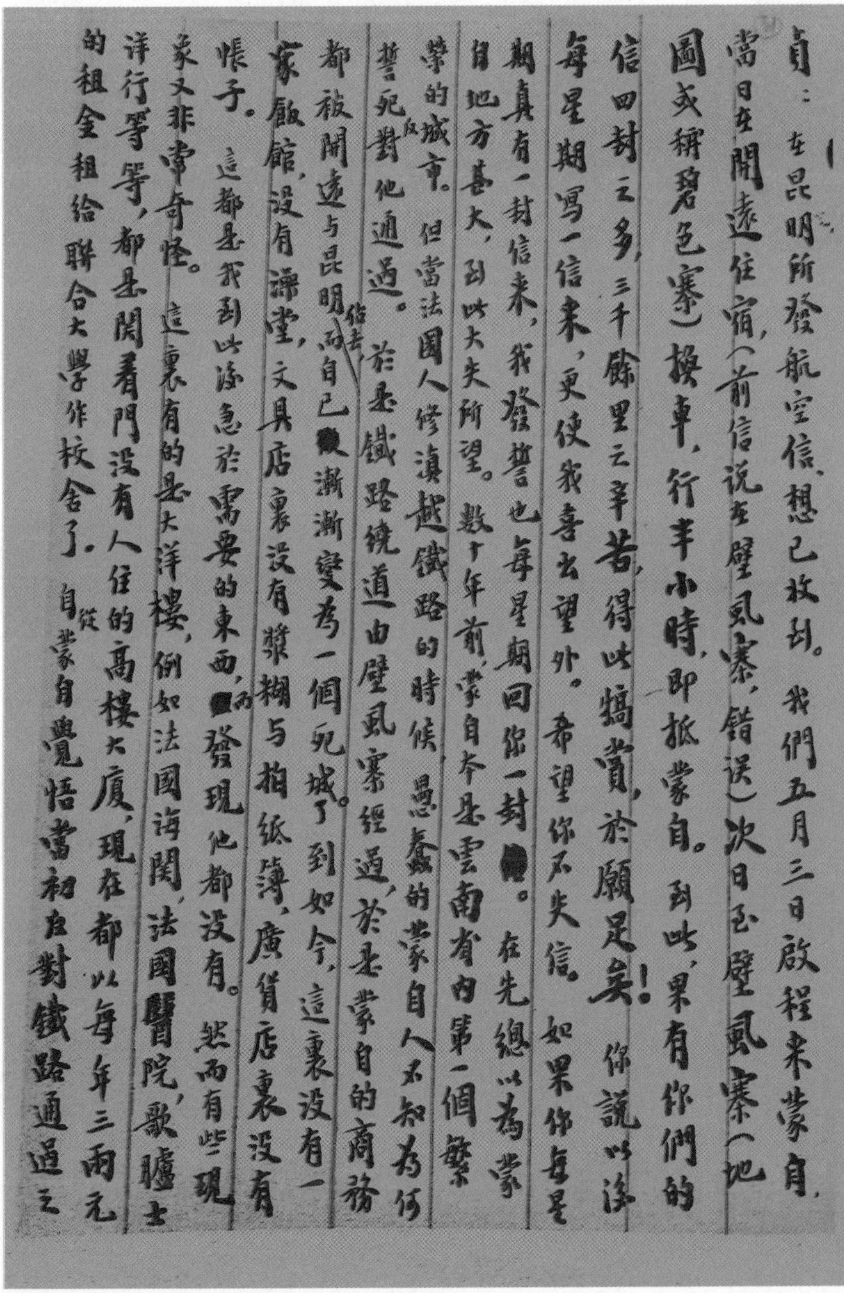

貞：在昆明所發航空信，想已收到。我們五月三日啟程來蒙自，
當日在開遠住宿，（前信說在壁虱寨，錯誤）次日至壁虱寨（地
圖或稱碧色寨）換車，行車小時，即抵蒙自。到此，果有你們的
信四封之多，三千餘里之辛苦，得此犒賞，於願足矣！你說以後
每星期寫一信來，更使我喜出望外。希望你不失信。如果你每星
期真有一封信來，我發誓也每星期回你一封[redacted]。在先總以為蒙
自地方甚大，到此大失所望。數十年前，蒙自本是雲南省內第一個繁
榮的城市。但當法國人修滇越鐵路的時候，愚蠢的蒙自人不知為何
誓死反對他通過。於是鐵路繞道由壁虱寨經過，於是蒙自的商務
都被開遠与昆明佔去，而自己[redacted]漸漸變為一個死城了。到如今，這裏沒有一
家飯館，沒有澡堂，文具店裏沒有漿糊与拍紙簿，廣貨店裏沒有
帳子。這都是我到此後急於需要的東西，[redacted]而發現他都沒有。然而有些現
象又非常奇怪。這裏有的是大洋樓，例如法國海關，法國醫院，歌臚士
洋行等等，都是閑着門沒有人住的高樓大廈，現在都以每年三兩元
的租金租給聯合大學作校舍了。自從蒙自自覺悟當初反對鐵路通過之

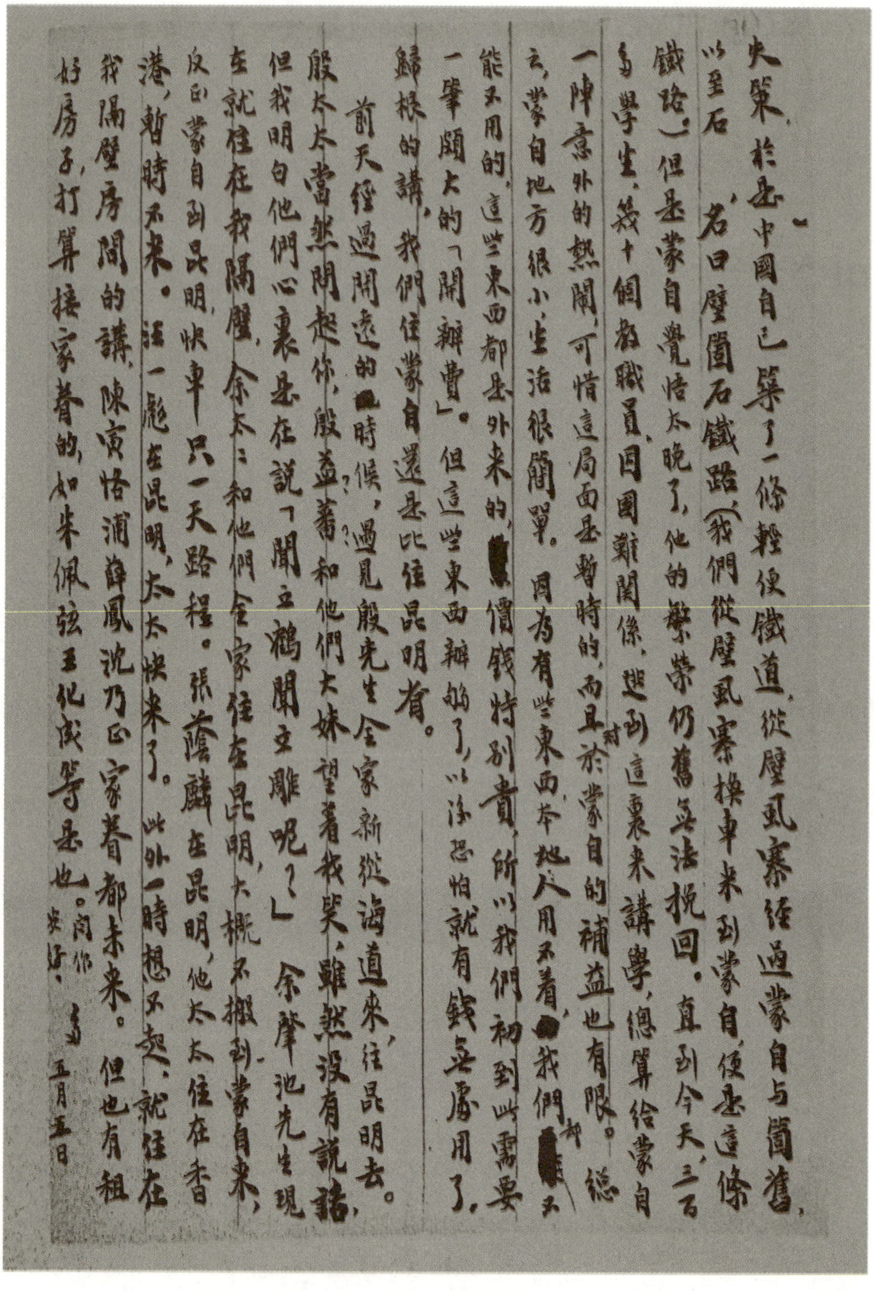

失策。於是中國自己築了一條輕便鐵道，從壁虱寨經過蒙自与個舊，以至石，名曰壁個石鐵路（我們從壁虱寨換車來到蒙自，便是這條鐵路。）但是蒙自覺悟太晚了，他的繁榮仍舊無法挽回。直到今天，三百多學生，幾十個教職員，因國難關係，遷到這裏來講學，總算給蒙自一陣意外的熱鬧，可惜這局面是暫時的，而且對於蒙自的補益也有限。總之，蒙自地方很小，生活很簡單。因為有些東西本地人用不着，[redacted]我們却[redacted]不能不用的，這些東西都是外來的，[redacted]價錢特別貴，所以我們初到此需要一筆頗大的「開辦費」。但這些東西辦好了，以後恐怕就有錢無處用了。歸根的講，我們住蒙自還是比住昆明省。

前天經過開遠的[redacted]時候，遇見殷先生全家新從海道來，往昆明去。殷太太當然問起你，殷益蕃和他們大妹望着我哭，雖然沒有說話，但我明白他們心裏是在說「聞立鶴聞立雕呢？」佘蘭池先生現在就住在我隔壁，佘太太和他們全家住在昆明，大概不搬到蒙自來，反正蒙自到昆明，快車只一天路程。張蔭麟在昆明，他太太住在香港，暫時不來。汪一彪在昆明，太太快来了。此外一時想不起，就住在我隔壁房間的講，陳寅恪浦薛鳳沈乃正家眷都未来。但也有租好房子，打算接家眷的，如朱佩弦王化成等是也。問你安好。

多

五月五日

此需要一笔颇大的“开办费”。但这些东西办够了，以后恐怕就有钱无处用了，归根的讲，我们住蒙自还是比住昆明省。

前天经过开远的时候，遇见殷先生全家新从海道来，往昆明去。殷太太当然问起你，殷益（？）蕃（？）和他们大妹望着我笑，虽然没有说话，但我明白他们心里是在说“闻立鹤闻立雕呢”？余肇池先生现在就住在我隔壁，余太太和他们全家住在昆明，大概不搬到蒙自来，反正蒙自到昆明，快车只一天路程。张荫麟在昆明，他太太住在香港，暂时不来。汪一彪在昆明，太太快来了。此外一时想不起，就住在我隔壁房间的讲，陈寅恪浦薛凤沈乃正家眷都未来。但也有租好房子，打算接家眷的，如朱佩弦王化成等是也。问你安好。

多

五月五日

（根据手书刊印）

第 [18] 封 松滋

贞：

上星期写信给你和文鉴叫你们和他一同到云南来，这信想已收到。昨天接你的信果然不出我料，家中有全家迁松滋之议。你当然应该时时跟我通信，告诉我一切情形，以便取得连络。迁松滋我甚赞成，细叔主张早走，尤其是对的，人多，在松滋当然不便，到了那里，仍然要疏散。例如你们和细叔一房，可再往重庆，转贵阳来云南，细叔的事现有九成希望，详见另函。我所以赞成你们到松滋的缘故是，第一，粤汉路不好走，广州炸得利害。第二，香港海防人地生疏，语言又不通，甚不方便。第三，在松滋可暂住下，候船往重庆，沿途可以休息，且有熟人可照顾。你们务必即速上省，或者已经走了也未可知。好在我已将款子

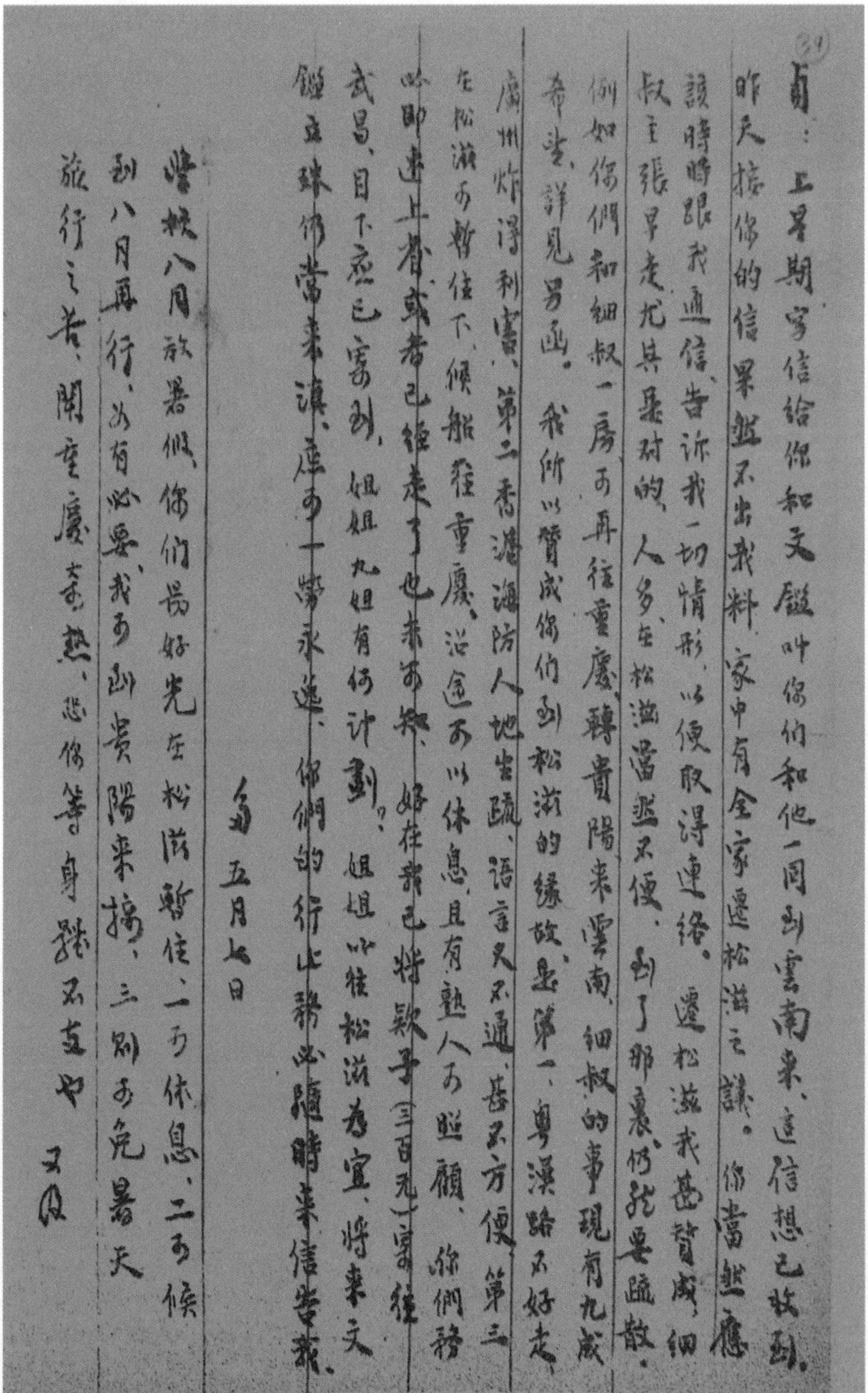

萸：上星期寫信給你和文鎰，叫你們和他一同到雲南來，這信想已收到。昨天接你的信，果然不出我料，家中有全家遷松滋之議。你當然應該時時跟我通信，告訴我一切情形，以便取得連絡。遷松滋我甚贊成，細叔主張尤其是对的，人多，在松滋當然不便，到了那裏，仍然要疏散。例如你們和細叔一房可再往重慶，轉貴陽來雲南，細叔的事現有九成希望，詳見另函。我所以贊成你們到松滋的緣故，是第一、粵漢路不好走，廣州炸得利害，第二香港海防人地生疏，語言又不通，甚不方便，第三在松滋可暫住下，候船往重慶，沿途可以休息，且有熟人可照顧。你們務必即速上省，或者已經走了也未可知。好在我已將款子(三百元)寄往武昌，目下應已寄到。姐姐九姐有何計劃？姐姐以往松滋為宜，將來文鎰來時，你當來滇，庶可一帶永遠。你們的行止務必隨時來信告我。

爹 五月七日

學校八月放暑假，你們最好先在松滋暫住，一可休息，二可候到八月再行，如有必要，我可函貴陽來接，三則可免暑天旅行之苦，聞重慶天氣熱，恐你等身體不支也 又及

（三百元）寄往武昌，目下应已寄到。姐姐、九姐[①]有何计划？姐姐以往松滋为宜，将来文鉴立珠[②]仍当来滇，庶可一劳永逸。你们的行止务必随时来信告我。

多

五月七日

学校八月放暑假，你们最好先在松滋暂住，一可休息，二可候到八月再行，如有必要，我可到贵阳来接，三则可免暑天旅行之苦，闻重庆奇热，恐你等身体不支也。

又及

（根据手书刊印）

①姐姐、九姐：闻一多的同胞大姐和二姐，大排行（即同一祖父）老大和第九。②立珠：闻立珠，闻一多胞兄闻家騄之女，陈文鉴夫人。

第[19]封 安排

贞：

这几天战事消息不好，武汉不免受影响。乡里情形如何，颇令人担心，万一有移动的必要，你们母子一窠实是家中之大累，想至此，只悔当初未能下决心带你们出来。日来正为此事踌躇，同事们也都劝我接你们来，所苦者只有两事不易解决，一我自己不能分身，而家中又无人送你们，二你们全来，盘费太大。

今天接到文鉴来信，其意甚愿来滇复学，万一决定来，你们可以同他一路走，我只须到香港或海防来接你们，既可省点路费，又不多费时间，岂不甚好。至于你们的路费，我计算起来，少则五百元，多则六百，数目实在可观。然而为求安全起见，又有什么办法呢。并且鹤雕在家不能入学校，长此下去，也不是办法。在家固可学点中文，然而算术究竟是最要紧的，他们多耽搁一年光阴，就给我们多加一年的担负，从远处着想，这事实在非同少可。

战事非短时可以结束，学校在昆明已有较长久的打算，筹好了卅万建新校舍，内中并有教员住宅。本来俟校舍完成后（约一年半），我

30

貞：這幾天戰事消息不好，武漢不免受影響，鄉裏情形不知何如，念
人担心。萬一有移動的必要，你們母子一家實是家中之大累，想到此，只
悔當初未能下決心帶你們出來。日來正為此事躊躇，同事們也都勸我接
你們來，所苦者只有兩事不易解決：一我自己不能分身，而家中又無人送你
們；二你們全來，盤費太大。今天接到文鑑來信，其意甚願來滇復學，萬
一決定來，你們可以同他一路走，我只須到香港或海防來接你們，既可省
點路費，又不多費時間，豈不甚好。至於你們的路費，我計算起來，少則
五百元，多則六百，數目實在可觀，然而為求安全起見，又有什麼辦法呢。並
且鶴鵬在家不能入學校，長此下去，也不是辦法。在家固可學點中文，然而
算術究竟是最要緊的，他們多耽擱一年光陰，就給我們多加一年的担
負。這些還須着想。這事實在非同小可。戰事非短時可以結束，學校在昆明
已有較長久的打算，籌措了卅萬建新校舍，內中並有教員住宅，本來原
校舍完成後（約一年半）我是想接你們來的，現在乘文鑑來滇之便，你們
若能早來，實在最好。因為路費早晚是要花的，而鶴鵬的學業又可以少耽誤。
好在我手頭還有四百五十元存款，再從朋友處通挪一點，可以湊足這筆路費。
同時四月份薪金不欠，就可以省下，可作到後生活費之用。學校經費情形並不
算壞，已詳前函。你們來後，我與你們吃點苦，斷然是不要緊的，這在同事們的

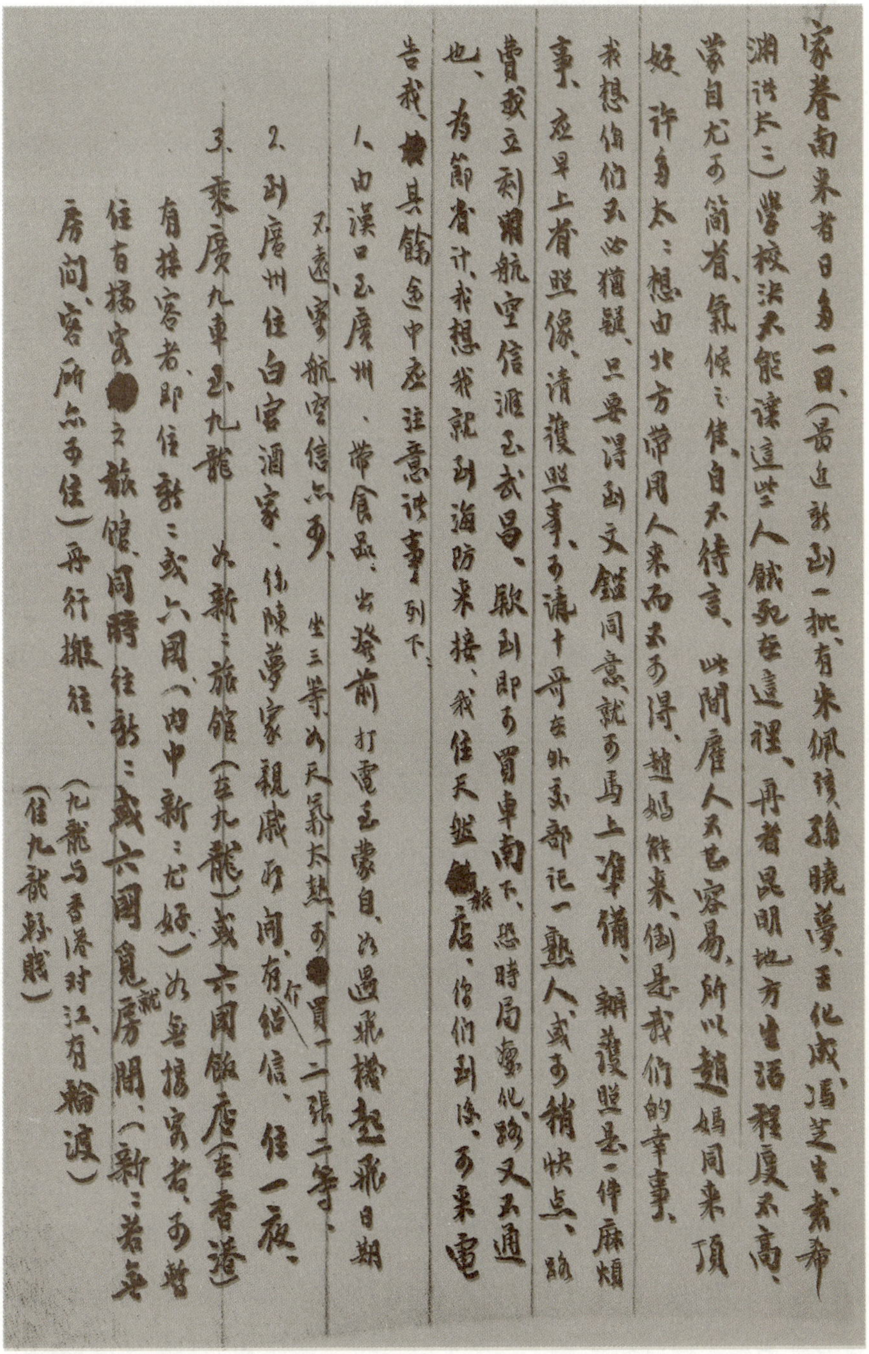
家眷南来者日多一日，（最近新到一批，有朱佩弦、孙晓梦、王化成、冯芝生、萧叔渊诸太太）学校决不能让这些人饿死在这里，再者昆明地方生活程度不高，蒙自尤其简省，气候又佳，自不待言，此间雇人不甚容易，所以赵妈同来顶好，许多太太想由北方带用人来而不可得，赵妈能来，倒是我们的幸事，我想你们不必犹疑，只要得到文铨同意，就可马上准备，办护照是一件麻烦事，应早上省照像，请护照事，可请十哥在外交部托一熟人，或可稍快点，路费我立刻用航空信汇至武昌，款到即可买车南下，恐时局变化，路又不通也，为节省计，我想我就到海防来接，我住天然[redacted]旅店，你们到后，可来电告我，[redacted]兹具饬途中应注意诸事列下，

1、由汉口至广州，带食品，出发前打电至蒙自，以过飞机起飞日期不远，需航空信亦可，坐三等，如天气太热，可[redacted]买一二张二等，

2、到广州住白宫酒家，係陈梦家亲戚所开，有介绍信，住一夜，

3、乘广九车至九龙 如新新旅馆（在九龙）或六国饭店（在香港）有接客者，即住新新或六国（内中新新尤好）如无接客者，可暂住有接客[redacted]之旅馆，同时往新新或六国觅房间（新新若无房间，客所亦可住）再行搬往，（九龙与香港对江，有轮渡）（住九龙较贱）

是想接你们来的，现在乘文鉴来滇之便，你们若能早来，实在最好，因为路费早晚是要花的，而鹤雕的学业又可以少耽误。好在我手头还有四百五十元存款，再从朋友处通挪一点，可以凑足这笔路费。同时四月份薪金不久总可以发下，可作到后生活费之用。学校经费情形，并不算坏，已详前函。

你们来后，我与你们吃点苦，断炊是不至于的。现在同事们的家眷南来者日多一日（最近新到一批，有朱佩弦、孙晓梦、王化成、冯芝生、袁希渊诸太太）。学校决不能让这些人饿死在这里。再者昆明地方生活程度不高，蒙自尤可简省。气候之佳，自不待言。此间雇人不甚容易，所以赵妈同来顶好，许多太太想由北方带用人来而不可得，赵妈能来，倒是我们的幸事。我想你们不必犹疑，只要得到文鉴同意，就可马上准备。

办护照是一件麻烦事，应早上省照像。请护照事，可请十哥在外交部托一熟人，或可稍快点。路费我立刻用航空信汇至武昌，款到即可买车[①]南下，恐时局变化，路又不通也。为节省计，我想我就到海防来接，我住天然旅店，你们到后，可来电告我，其余途中应注意诸事列下：

1.由汉口至广州，带食品，出发前打电至蒙自，如遇飞机起飞日期不远，寄航空信亦可。坐三等，如天气太热，可买一二张二等。

2.到广州住白宫酒家，系陈梦家亲戚所开，有介绍信，住一夜。

3.乘广九车至九龙，如新新旅馆（在九龙）或六国饭店（在香港）有接客者，即住新新或六国（内中新新尤好），如无接客者，可暂住有接客之旅馆，同时往新新或六国觅就房间（新新若无房间，客厅亦可住）再行搬往。（九龙与香港对江，有轮渡）（住九龙较贱）

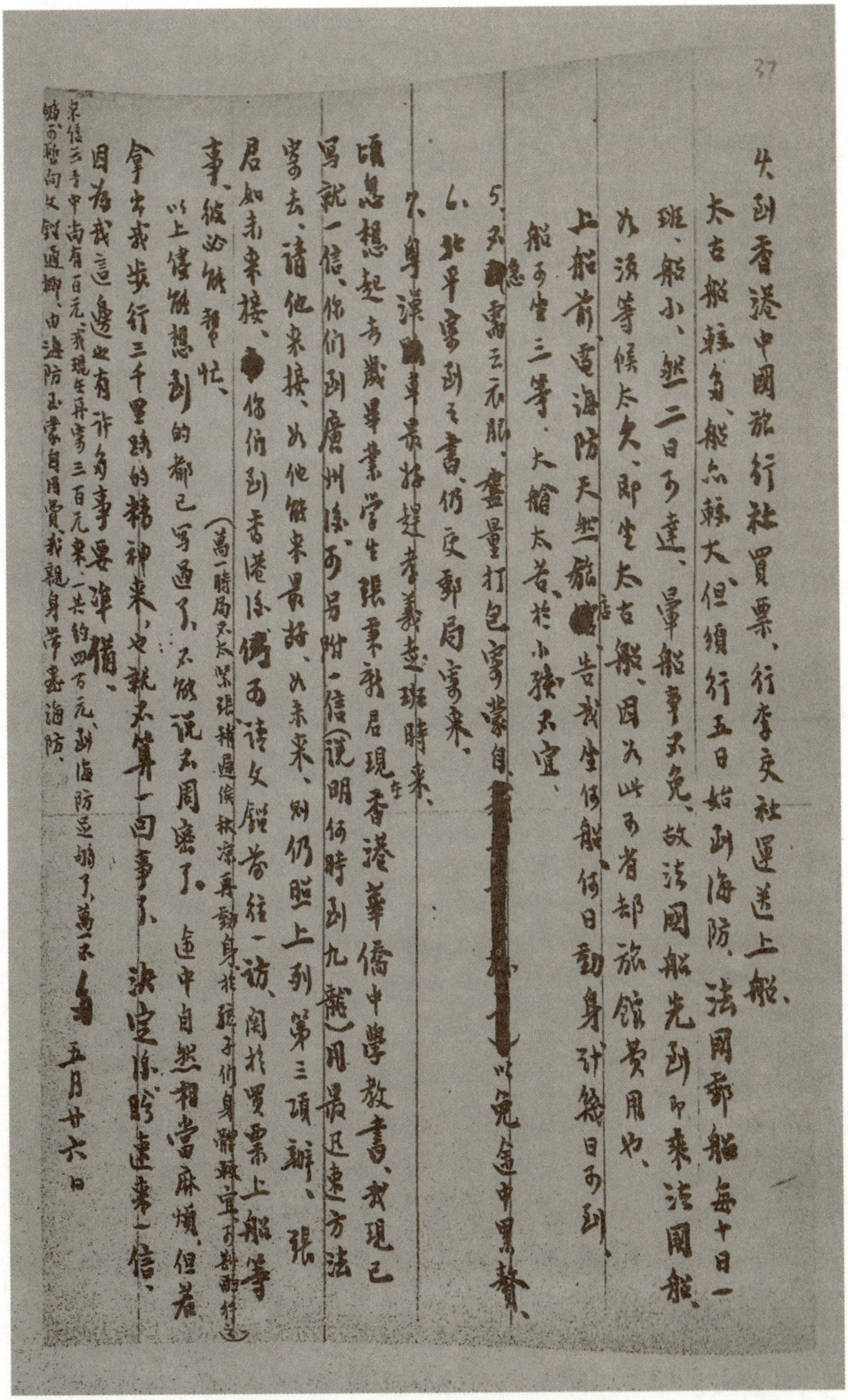
37

先到香港中國旅行社買票，行李交社運送上船，
太古船較多，船亦較大，但須行五日始到海防，法國郵船每十日一
班，船小，然二日可達，暈船事不免，故法國船先到即乘法國船，
如須等候太久，即坐太古船，因為此可省却旅館費用也，
上船前電海防天然店告我坐何船，何日動身，計幾日可到，
船可坐三等，大艙太苦，於小孩不宜，
5，不急需之衣服，盡量打包寄蒙自[redacted]以免途中累贅，
6，北平寄到之書，仍交郵局寄來，
7，粤漢車最好趕孝義走班時來，
頃忽想起去歲畢業學生張秉教在居現香港華僑中學教書，我現已
寫就一信，你們到廣州后可另附一信(說明何時到九龍)用最迅速方法
寄去，請他來接，如他能來最好，如未來，則仍照上列第三項辦，張
君如未來接，你們到香港后偶可請文銓前往一訪，關於買票上船等
事，彼必能幫忙，(萬一時局不太緊張，稍遲俟秋涼再動身，於孩子們身體較宜，可斟酌行之)
以上僅就想到的都已寫過了，不能說不周密了，途中自然相當麻煩，但若
拿出我步行三千里路的精神來，也就不算一回事了，決定后盼速來一信，
目前我這邊也有許多事要準備，
來信云手中尚有百元，我現在再寄三百元來，一共約四百元，到海防足夠了，萬一不够可暫向文銓通挪，由海防至蒙自用費，我親身帶去海防，
五月廿六日

4.到香港中国旅行社买票，行李交社运送上船。太古船较多，船亦较大，但须行五日始到海防。法国邮船每十日一班，船小，然二日可达。晕船事不免，故法国船先到即乘法国船，如须等候太久，即坐太古船。因如此可省却旅馆费用也。

上船前，电海防天然旅店，告我坐何船、何日动身、计几日可到。船可坐三等，大舱太苦，于小孩不宜。

5.不急需之衣服，尽量打包寄蒙自，以免途中累赘。

6.北平寄到之书，仍交邮局寄来。

7.粤汉车最好赶孝义[②]走班时来。

顷忽想起去岁毕业学生张秉新君现在香港华侨中学教书，我现已写就一信，你们到广州后，可另附一信（说明何时到九龙）用最迅速方法寄去，请他来接。如他能来最好，如未来，则仍照上列第三项办。张君如未来接，你们到香港后，仍可请文鉴前往一访，关于买票上船等事，彼必能帮忙。（万一时局不太紧张，稍迟俟秋凉再动身，于孩子们身体较宜，可斟酌行之）

以上尽能想到的都已写过了，不能说不周密了。途中自然相当麻烦，但若拿出我步行三千里路的精神来，也就不算一回事了。决定后，盼速来一信，因为我这边也有许多事要准备。

来信云手中尚有百元，我现在再寄三百元来，一共约四百元，到海防足够了。万一不够，可暂向文鉴通挪，由海防至蒙自用费，我亲身带至海防。

多

五月廿六日

（根据手书刊印）

①结合上下文，此处的“车”应为“车票”。②高孝义，闻一多内弟，当时在粤汉线列车任职。

第 [20] 封 办法

贞：

这回是我错了，没有带你们出来。我只有惭愧，太对不住你们。接到二哥的电及三哥的信，知道松滋不能去，粤汉路又决不能走。现在拟几条办法，你可以看势行事。

（一）训侄就学广州，大概不能成事实，因那边的人听说也差不多逃空了。你可商量训侄，愿否由湘滇公路送你们来，我自己到贵阳来接。训到此后，是否有资格在联大借读，如资格不成问题，其余一切我负责，至少在这里避乱带补习功课，亦殊不恶，不知五哥能否放他来，他自己愿不愿意。

（二）大舅家里当然丢不下，好在他们不张风声，可否请他送到贵阳打转，我到贵阳接，这样耽搁他半个月或多则二十天，不知他愿否。

以上是急走的办法，如情势不甚紧急，则

（三）候一二星期，如果驷弟事成功，你们就随他来，这样，为节省计，我只到昆明接。好在贵阳有同班老友聂君安陶可以照顾一切。

关于驷弟事，马上无法决定（详另函），并且不能不作万一的打

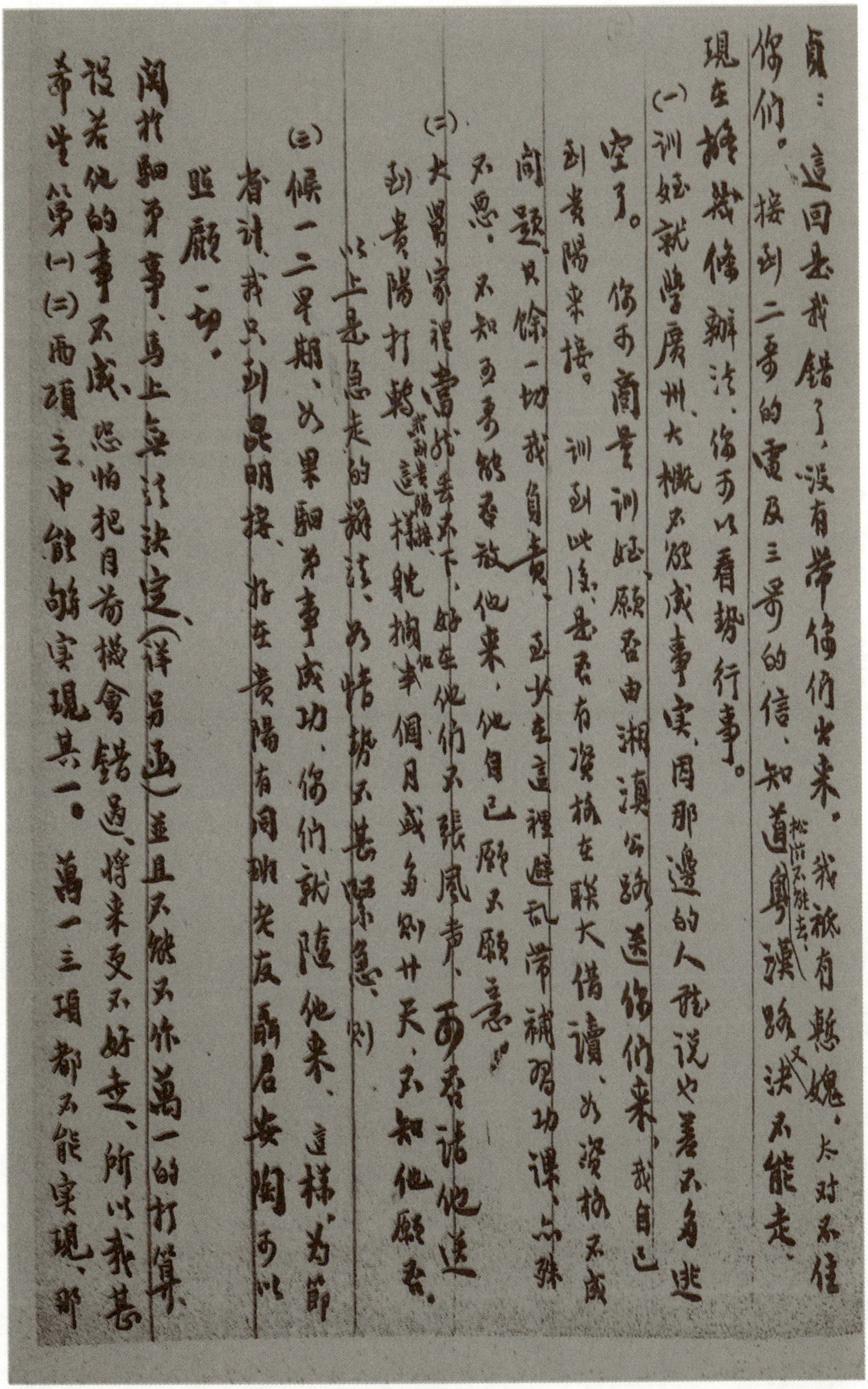

貞：這回去我錯了，没有帶你們出來。我祇有慚媿，太对不住
你們。接到二哥的電及三哥的信，知道粵（桂滇不能去）滇路又決不能走，
現在擬幾條辦法，你可以看勢行事。
(一)訓姪就學廣州，大概不能成事實，因那邊的人說也是不易進
空了。你可商量訓姪，願否由湘滇公路送你們來。我自己
到貴陽來接。訓到此後，是否有資格在聯大借讀，如資格不成
問題，只餘一切我負責。至少在這裡避亂，常補習功課，亦殊
不惡。不知五哥能否放他來，他自己願不願意？
(二)大嫂家裡當然去不下，好在他們不張風声，可否請他送
到貴陽（我到貴陽接）打聽，這樣耽擱半個月或多则廿天，不知他願否。
以上是急走的辦法，如情勢不甚緊急，則
(三)候一二星期，如果駟弟事成功，你們就隨他來，這樣，為節
省計，我只到昆明接，好在貴陽有同班老友嚴君安陶可以
照顧一切。
關於駟弟事，馬上無法決定（詳另函），並且不能不作萬一的打算，
設若他的事不成，恐怕把目前機會錯過，將来更不好走，所以我甚
希望第(一)(二)兩項之中能夠实現其一。萬一三項都不能实現，那

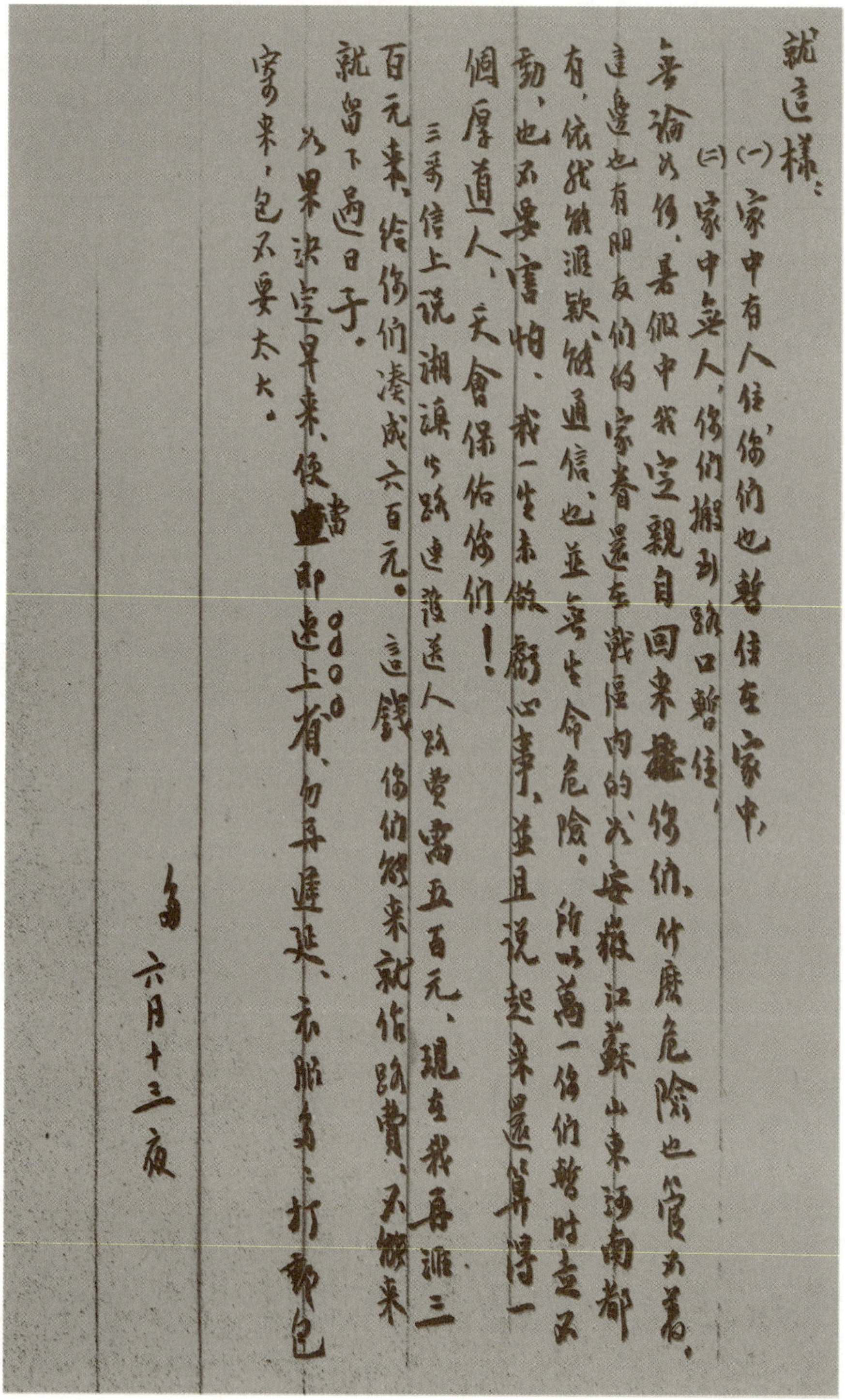

就這樣：

(一)家中有人住，你們也暫住在家中，

(二)家中無人，你們搬到路口暫住，

無論如何，暑假中我定親自回來接你們。什麽危險也管不着，這邊也有朋友們的家眷還在戰區內的，如安徽江蘇山東河南都有，依我猜測他們通信，也並無生命危險。所以萬一你們暫時在不動，也不要害怕。我一生未做虧心事，並且說起來還算得一個厚道人，天會保佑你們！

三哥信上說湘滇步路連護送人路費需五百元，現在我再匯三百元來，給你們湊成六百元。這錢你們能來就作路費，不能來就留下過日子。

如果決定早來，便當即速上省，勿再遲延，衣服多多打郵包寄來，包不要太大。

多

六月十三夜

算。设若他的事不成，恐怕把目前机会错过，将来更不好走，所以我甚希望第（一）（二）两项之中能够实现其一。万一三项都不能实现，那就这样：

（一）家中有人住，你们也暂住在家中，

（二）家中无人，你们搬到路口暂住。

无论如何，暑假中我定亲自回来接你们，什么危险也管不着。这边也有朋友们的家眷还在战区内的，如安徽江苏山东河南都有，依然能汇款，能通信，也并无生命危险。所以万一你们暂时走不动，也不要害怕，我一生未做亏心事，并且说起来还算得一个厚道人，天会保佑你们！

三哥信上说湘滇公路连护送人路费需五百元，现在我再汇三百元来，给你们凑成六百元。这钱你们能来就作路费，不能来就留下过日子。

如果决定早来，便当即速上省，勿再迟延，衣服多多打邮包寄来，包不要太大。

多

六月十三夜

（根据手书刊印）

第 [21] 封 意见

贞：

上星期未得你的信，等到今天已经星期三了，还不见信来，不知是什么道理。究竟如何决定，来或不来，我好准备房子。陈梦家住的房很宽绰，他愿分一半给我，但有一条件，他的嫂嫂现住香港，也有来意，如果来，就得让给他嫂嫂住了。所以万一他嫂嫂要来，我就得另找房子，这不是一件容易事，我须在来接你以前，把房子定好。一切都安排好。事情很多，我如何忙得过来，所以你非早点让我知道不可。

目下因黄河决口关系，武汉形势应稍松点，但鄂东想必仍然紧张。你若未到省，当早些来，若已到，倒不妨在省上住些时，如果等天气稍凉来，也免路上吃苦。游先生信想尚未貞：上星期未得你的信，等到今天已經星期三了，還不見信來，不知是什麼道理。究竟如何決定，来或不来，我好準備房子、陳蒙家住的房很寬綽，他願分一半給我，但有一條件，他的嫂嫂現住香港，也有来意，如果来就得讓給他嫂嫂住了。所以萬一他嫂嫂要来，我就得另找房子，這不是一件容易事，我須在未接你以前，把房子定好，一切都安排好，事情很多，我和你忙得過来，所以你非早點讓我知道不可。目下因黃河決口關係，武漢形勢應稍鬆點，但鄭東想必仍然緊張。你若未到省，當早些来。若已到，你不妨在省上住些時，如果等天氣稍涼来，也免上路吃苦。滿先生信想尚未到，究竟決定誰送，想也不甚容易。今天小超来要家駟的履歷，我已開去。他的事仍然大有希望，如果時局能容許你們等到與他同来，豈不更好。或者你們就索興等一等，反正我来接也須好等功課完畢或快完畢的時候，若的是你自己沒有

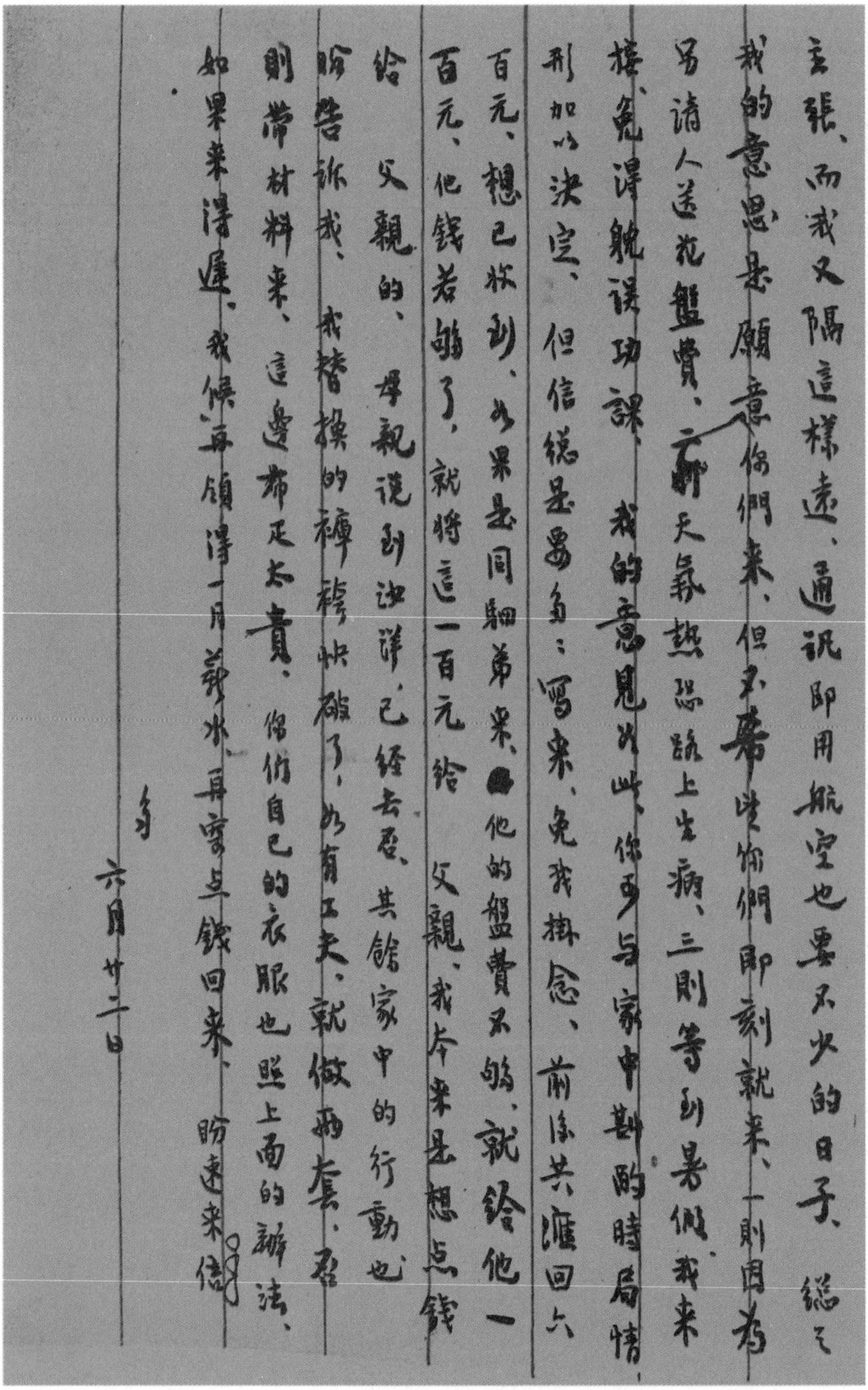
主張、而我又隔這樣遠、通訊即用航空也要不少的日子、總之我的意思是願意你們來、但不希望你們即刻就来、一則因為另請人送花盤費、二則天氣熱恐路上生病、三則等到暑假、我来接、免得耽誤功課、我的意見如此、你可与家中斟酌時局情形加以決定、但信總是要多多寫来、免我掛念、前係共滙回六百元、想已收到、如果是同駟弟来、他的盤費不够、就給他一百元、他錢若够了、就將這一百元給 父親、我本来是想點錢給 父親的、母親說到沙洋已經去過、其餘家中的行動也盼告訴我、我替換的褲褂快破了、如有工夫、就做兩套、否則帶材料来、這邊都是太貴、你們自己的衣服也照上面的辦法、如果来得遲、我候再領得一月薪水、再寄點錢回来、盼速来信

多

六月廿二日

到，究竟决定谁送，想也不甚容易。今天公超来要家驷的履历，我已开去，他的事仍然大有希望。如果时局能容许你们等到与他同来，岂不更好，或者你们就索兴等一等，反正我来接，也顶好等功课完毕或快完毕的时候。苦的是你自己没有主张，而我又隔这样远，通讯即用航空也要不少的日子，总之我的意思是愿意你们来，但不希望你们即刻就来，一则因为另请人送花盘费，二则天气热恐路上生病，三则等到暑假，我来接，免得耽误功课。

我的意见如此，你可与家中斟酌时局情形加以决定。但信总是要多多写来，免我挂念。前后共汇回六百元，想已收到，如果是同驷弟来，他的盘费不够，就给他一百元，他钱若够了，就将这一百元给父亲，我本来是想点钱[①]给父亲的。母亲说到沙洋，已经去否，其余家中的行动，也盼告诉我。

我替换的裤袴快破了，如有工夫，就做两套，否则带材料来，这边布匹太贵。你们自己的衣服也照上面的办法。如果来得迟，我候再领得一月薪水，再寄点钱回来，盼速来信。

多

六月廿二日

（根据手书刊印）

①为使语句通顺，“点钱”应为“汇点钱”。

第[22]封 昆明

贞：

盼了两星期多，到今天才接到大舅一信，并只寥寥数语，殊令我失望。你答应我每星期有一封信来。虽说忙于动身，也不应连写信的工夫都没有。在你没来到以前，信还是要写的。天气热，怕你生病或孩子病了，不得你的信，我如何不着急呢？好了，到咸宁张府[①]暂住，是一妙法。但报载武汉情形渐趋和缓，也许你们还是在省寓住些时较方便些。

今日校中得到确实消息，军事当局令联大文法学院让出校舍，因柳州航空学校需用此地，这来我们又要搬家。搬到什么地方，现尚未定，大概在昆明附近。昆明城内决无地方，昆明南二十里有地方名宜良，当局去看过了，似乎房屋不够。不知还有什么地方可去，总之蒙自是非离开不可的。在先我以为你们若来得早，蒙自还有地方可住，现在则非住昆明不可了。但昆明找房甚难，并且非我自己去不可。

现在学校已决定七月廿三日结束功课。我候功课结束，立即到昆明，至少一星期才能把房子找定。所以你们非等七月底来不可。只要武汉可住，不妨暂住些时，从容准备来的手续。武汉不能住，则往咸宁

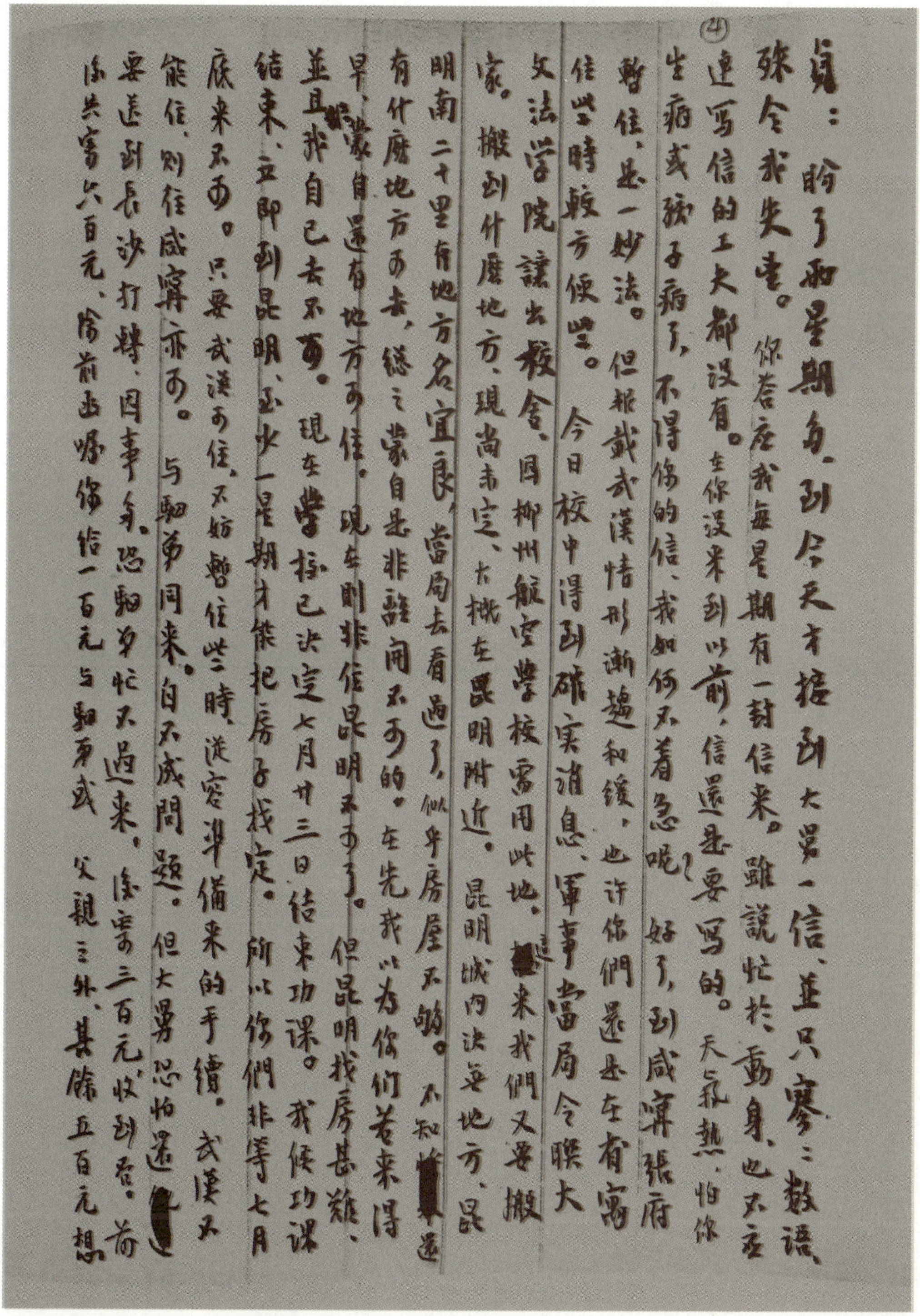
④

贞：盼了两星期多，到今天才接到大舅一信，并只寥寥数语，殊令我失望。你答应我每星期有一封信来。虽说忙于动身，也不应连写信的工夫都没有。在你没来到以前，信还是要写的。天气热，怕你生病或孩子病了，不得你的信，我如何不着急呢？好了，到咸宁张府暂住，是一妙法。但据武汉情形渐趋和缓，也许你们还是在有寓住些时较方便些。今日校中得到确实消息，军事当局令联大文法学院让出校舍，因柳州航空学校需用此地，[redacted]這来我们又要搬家。搬到什么地方，现尚未定，大概在昆明附近。昆明城内决无地方，昆明南二十里有地方名宜良，当局去看过了，似乎房屋不够。不知[redacted]还有什么地方可去，总之蒙自是非离开不可的。在先我以为你们若来得早，蒙自还有地方可住。现在则非住昆明不可了。但昆明找房甚难，并且我自己去不了。现在学校已决定七月廿三日结束功课。我候功课结束，立即到昆明，至少一星期才能把房子找定。所以你们非等七月底来不可。只要武汉可住，不妨暂住些时，从容准备来的手续。武汉又能住，则住咸宁亦可。与驹弟同来，自不成问题。但大舅恐怕还[redacted]要送到长沙打转，因事多，恐驹弟忙不过来。你需三百元，收到否？前次共寄六百元，除前函嘱你给一百元与驹弟或父亲之外，其余五百元想

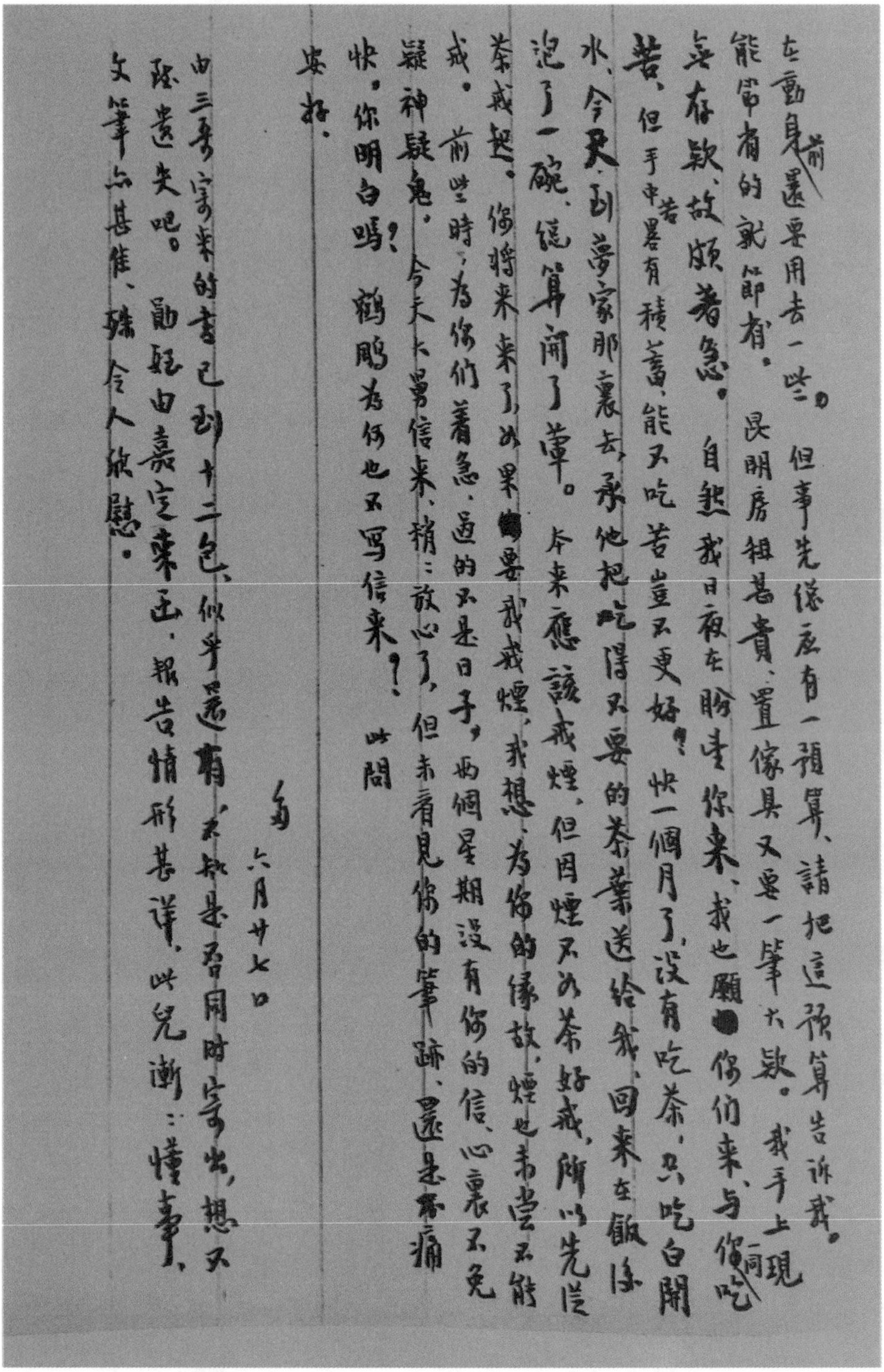
在動身前還要用去一些。但事先總應有一預算、請把這預算告訴我。
能常看的就節省。民朋房租甚貴、置傢具又要一筆大款。我手上現
無存款、故頗着急。自然我日夜在盼望你來、我也願你們來、與你同吃
苦、但手中若略有積蓄、能又吃苦豈不更好？快一個月了、沒有吃茶、只吃白開
水、今天到夢家那裏去、承他把吃得不要的茶葉送給我、回來在飯後
泡了一碗、總算開了葷。本來應該戒煙、但因煙不如茶好戒、所以先從
茶戒起。你將来来了、如果要我戒煙、我想、為你的緣故、煙也未嘗不能
戒。前些時、為你們着急、過的不是日子、兩個星期沒有你的信、心裏不免
疑神疑鬼，今天大男信來、稍稍放心了、但未看見你的筆跡、還是不痛
快。你明白嗎？鶴鵰為何也不寫信來？ 此問
安好。

多
六月廿七日

由三哥寄来的書已到十二包、似乎還有、不知是否同時寄出，想又
除遗失吧。勤妹由嘉定來函、報告情形甚詳、此兒漸漸懂事、
文筆亦甚佳、殊令人欣慰。

亦可。与驷弟同来，自不成问题。但大舅恐怕还要送到长沙打转，因事多，恐驷弟忙不过来。

后寄三百元，收到否。前后共寄六百元，除前函嘱你给一百元与驷弟或父亲之外，其余五百元想在动身前还要用去一些。但事先总应有一预算，请把这预算告诉我。能节省的就节省。昆明房租甚贵，置家具又要一笔大款。我手上现无存款，故颇着急。自然我日夜在盼望你来，我也愿你们来，与你一同吃苦，但手中若略有积蓄，能不吃苦岂不更好？快一个月了，没有吃茶，只吃白开水，今天到梦家那里去，承他把吃得不要的茶叶送给我，回来在饭后泡了一碗，总算开了荤。本来应该戒烟，但因烟不如茶好戒，所以先从茶戒起。

你将来来了，如果要我戒烟，我想，为你的缘故，烟也未尝不能戒。前些时，为你们着急，过的不是日子，两个星期没有你的信，心里不免疑神疑鬼，今天大舅信来，稍稍放心了，但未看见你的笔迹，还是不痛快，你明白吗？鹤雕为何也不写信来？此问

安好。

多

六月廿七日

由三哥寄来的书已到十二包，似乎还有，不知是否同时寄出，想不致遗失吧。勋侄由嘉定来函，报告情形甚详，此儿渐渐懂事，文笔亦甚佳，殊令人欣慰。

（根据手书刊印）

①高孝贞之嫂的娘家。

第 [23] 封 迁校

贞：

今天接到你六月廿四日的信，说三四日内动身来省，现在想已来到。婆婆想已去沙洋，爹爹何时来省，细叔现在何处，来函盼告我。武汉局势暂时似不要紧，近日敌机仿佛也不大到武汉来，你们暂时在武昌住下再说，万一空袭来得厉害，就往咸宁去躲一躲，请大舅在武昌我家暂住，以便照料。旧衣服可先寄来，我需要的裤褂以及你们应添的衣服，若来得及，无妨做起来，也由邮局寄来。

上次信上说到学校迁移的事，究竟迁到什么地方，现在尚未决定。如果在昆明附近，我们还是住昆明。但我一时又不能到昆明去找房子。廿五日考大考，我大概要月底把卷子看完，才能离开蒙自。你们最好也在月底动身。

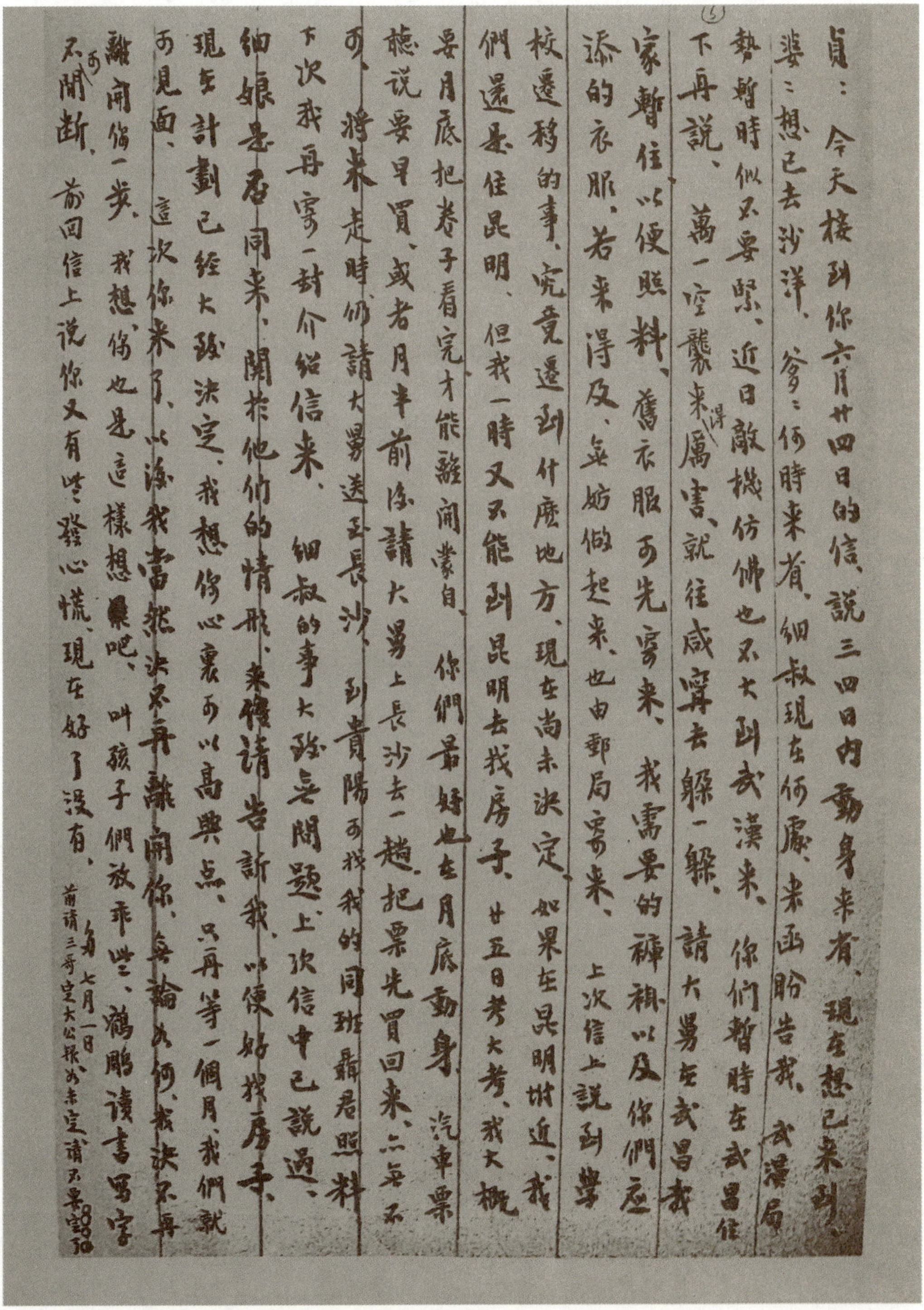

貞：今天接到你六月廿四日的信、說三四日內動身来省、現在想已来到

婆〻想已去沙洋、爹〻何時来省、細叔現在何處、来函盼告我、武漢局

勢暫時似不要緊、近日敵機仿佛也不大到武漢来、你們暫時在武昌住

下再說、萬一空襲来得厲害、就往咸寧去躲一躲、請大舅在武昌替

家暫住以便照料、舊衣服可先寄来、我需要的褲褂以及你們应

添的衣服、若来得及、無妨做起来、也由郵局寄来、上次信上說到學

校遷移的事、究竟遷到什麽地方、現在尚未決定、如果在昆明附近、我

們還是住昆明、但我一時又不能到昆明去找房子、廿五日考大考、我大概

要月底把卷子看完才能離開蒙自、你們最好也在月底動身、汽車票

聽說要早買、或者月半前後請大舅上長沙去一趟、把票先買回来、亦無不

可、將来走時仍請大舅送至長沙、到貴陽可找我的同班彝君照料

下次我再寄一封介紹信来、細叔的事大致無問題、上次信中已說過、

細娘是否同来、關於他們的情形、来信請告訴我、以便好找房子、

現在計劃已經大致決定、我想你心裏可以高興点、只再等一個月、我們就

可見面、這次你来了、以後我當然決不再離開你、無論如何、我決不再

離開你一步、我想你也是這樣想吧、叫孩子們放乖些、鶴鵰讀書寫字

不可間斷、前回信上說你又有些發心慌、現在好了沒有、

翁 七月一日

前請三哥定大公报如未定請不要定

汽车票听说要早买，或者月半前后请大舅上长沙去一趟，把票先买回来，亦无不可。将来走时，仍请大舅送至长沙，到贵阳可找我的同班聂君照料，下次我再寄一封介绍信来。

细叔的事大致无问题，上次信中已说过，细娘是否同来，关于他们的情形，来信请告诉我，以便好找房子。现在计划已经大致决定，我想你心里可以高兴点，只再等一个月，我们就可见面。

这次你来了，以后我当然决不再离开你，无论如何，我决不再离开你一步，我想，你也是这样想吧。叫孩子们放乖些，鹤雕读书写字不可间断，前回信上说你又有些发心慌，现在好了没有。

多

七月一日

前请三哥定《大公报》，如未定，请不要定了。

（根据手书利印）

第 [24] 封 寄钱

贞：

今日接到你到省后的信，得悉一切，听说昆明飞机场有水，许久没有飞机到，所以你这次的信走了十天。你说钱怕不够，做衣服等等还要用钱，我也想到。现在寄钱回来，恐怕来不及。我想好一法，将钱寄到贵阳聂家去，你到贵阳，上他那里拿。我手中钱不多，先寄五十元，想来也够了。路上要谨慎，东西尤不可乱吃。今天发一电催细叔快来，想已收到。

公超假中要回北平看家，驷弟须在公超动身以前来才好。报载武汉稳固，甚喜，家中想皆安好。

多

七月八日

（根据手书刊印）

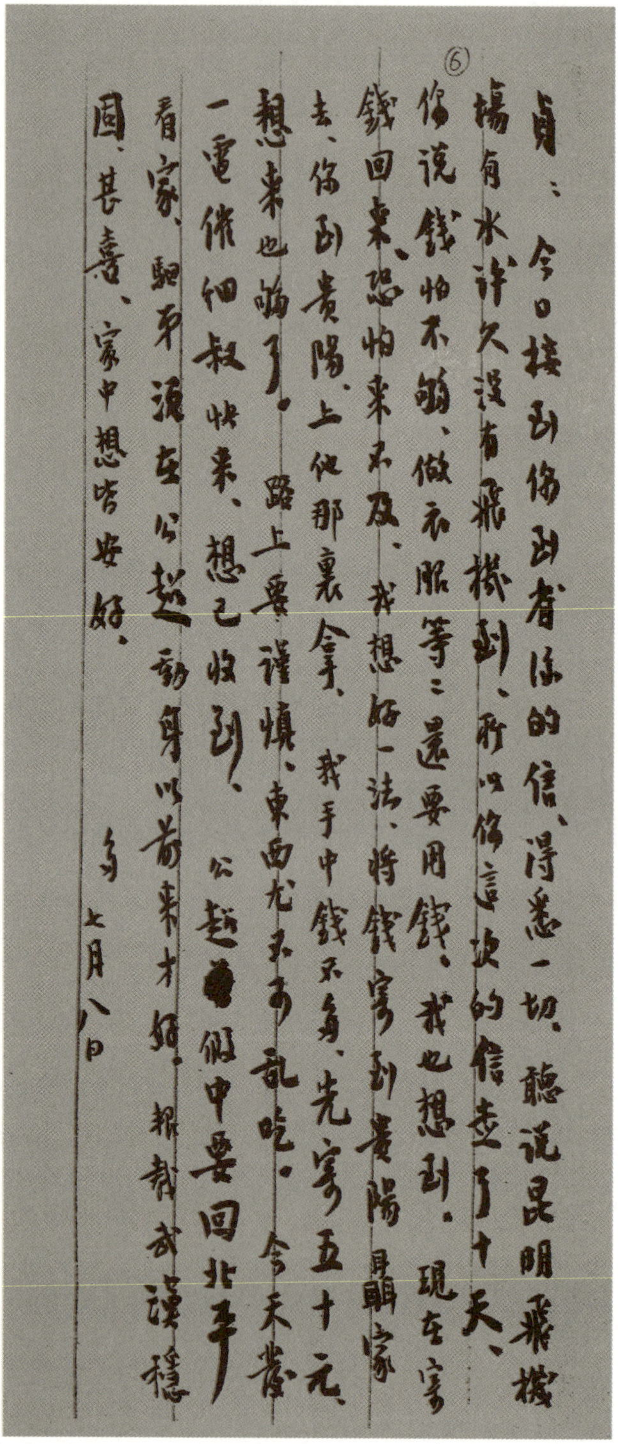
⑥

貞：今日接到你的信、得悉一切、聽說昆明飛機場有水許久沒有飛機到、所以你這次的信走了十天、你說錢怕不夠、做衣服等等還要用錢、我也想到。現在寄錢回來、恐怕來不及。我想好一法、將錢寄到貴陽昇顯家去、你到貴陽、上他那裏拿、我手中錢不多、先寄五十元、想來也夠了。路上要謹慎、東西尤不可亂吃。今天發一電催細叔快來、想已收到、公超假中要回北平看家、駟弟準在公超動身以前來才好。報載武漢穩固、甚喜、家中想皆安好、

多

七月八日

第 [25] 封 动身

贞：

武汉轰炸两次，心里着急不知你们离开武汉否，接到你们初到长沙的电报才放心。后来见报长沙也被轰炸，又急了好几天，直到前天二次电报来了，才知道全体动身，更是感天谢地。现在只希望路上不致多耽搁，孩子们不生病。这些时一想到你们，就心惊肉跳，现在总算离开了危险地带，我心里稍安一点。但一想到你们在路上受苦，我就心痛。

想来想去，真对不住你，向来没有同你出过远门，这回又给我逃脱了，如何叫你不恨我？过去的事，无法挽救，从今以后，我一定要专心事奉你，做你的奴仆。只要你不气我，我什么事都愿替你做，好不好？昆明的房子又贵又难找，我来了不满一星期，幸亏陈梦家帮忙，把房子找好了。现在只要慢慢布置，包你来了满意，房东答应借家具，所以钱也不会花得很多。照规矩算起来，今天可以到贵阳。如果在贵阳多休息几天，这信你便可以收到。

现在告诉你一件要紧的事。前几天同事新从这条路来的说，天热，易得疟疾，须先吃金鸡纳霜预防。每次吃三颗，隔一天吃一次，小儿减

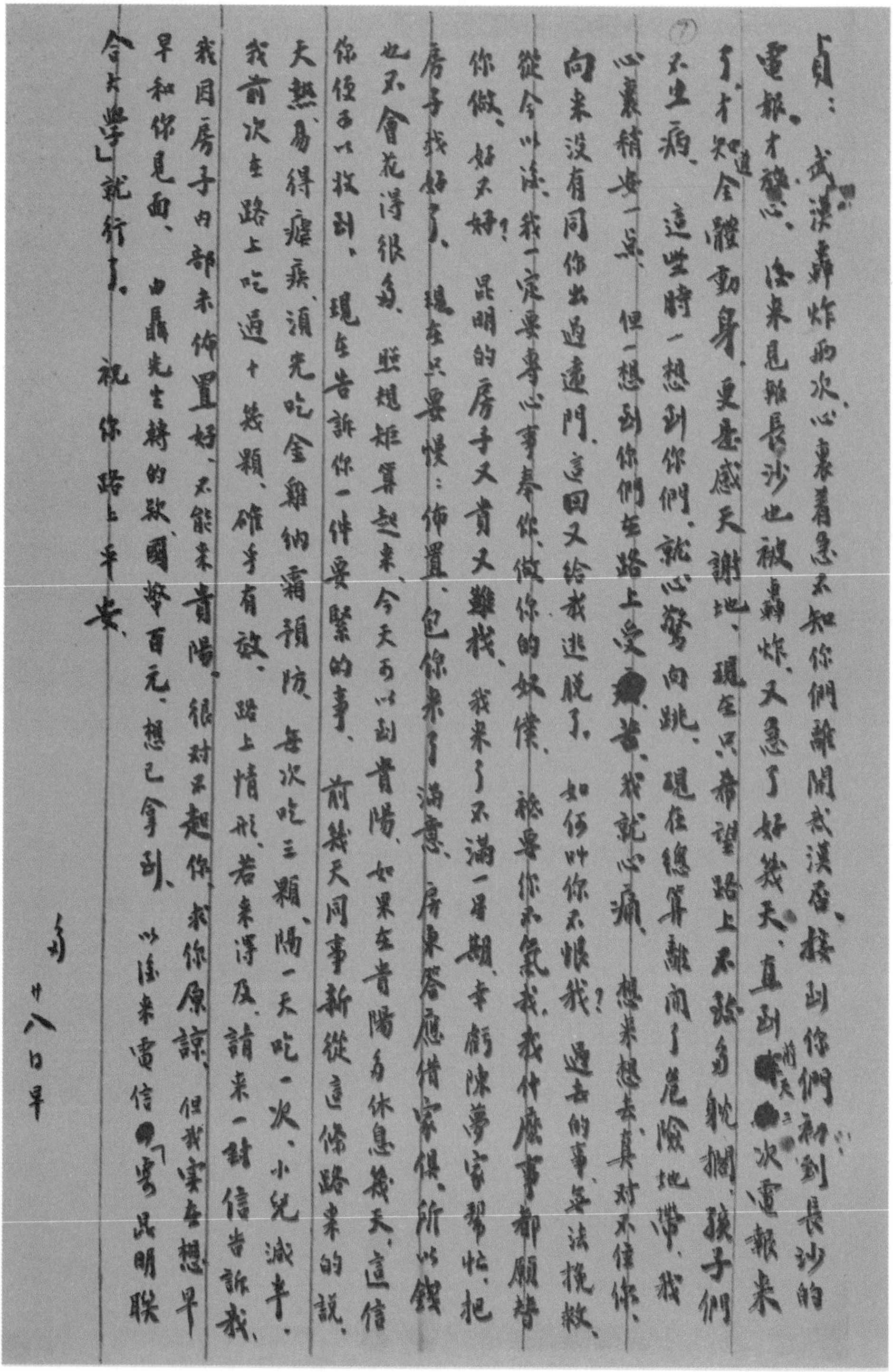

貞：武漢轟炸兩次，心裏着急，不知你們離開武漢否。接到你們初到長沙的電報，才放心。後来見報長沙也被轟炸，又急了好幾天，直到前天二次電報来了，才知道全體動身，更要感天謝地。現在只希望路上不致多耽擱，孩子們不生病。這些時一想到你們，就心驚肉跳。現在總算離開了危險地帶，我心裏稍安一点。但一想到你們在路上受苦，我就心痛，想来想去真对不住你。向来没有同你出過遠門，這回又给我逃脫了。如何叫你不恨我？過去的事無法挽救，從今以後，我一定要專心奉你，做你的奴僕。只要你不氣我，我什麼事都願替你做。好不好？昆明的房子又貴又難找，我来了不滿一星期，幸虧陳夢家幫忙，把房子找好了。現在只要慢慢佈置，包你来了滿意。房東答應借家俱，所以錢也不會花得很多。照規矩算起来，今天可以到貴陽，如果在貴陽多休息幾天，這信你便可以收到。現在告訴你一件要緊的事。前幾天同事新從這條路来的說，天熱，易得瘧疾，須先吃金雞納霜預防。每次吃三顆，隔一天吃一次。小兒減半。我前次在路上吃過十幾顆，確乎有效。路上情形，若来得及，請来一封信告訴我。我因房子內部未佈置好，不能来貴陽。很对不起你，求你原諒。但我實在想早早和你見面。由聶先生轉的款，國幣百元，想已拿到。以後来電信寄「昆明聯合大學」就行了。祝你路上平安。

多

廿八日早

房子七間、在樓上、連電燈、月租六十元、押租二百元、房東借家俱、這條件在昆明尚算貴、押租已交、房租候搬入時再交、廚房在樓下、

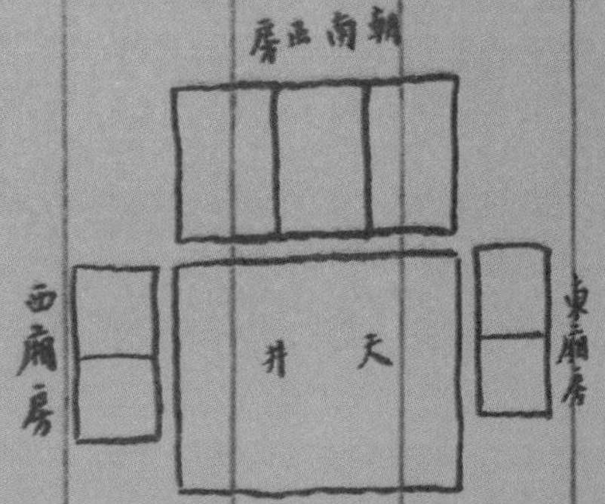

地點買菜最方便、但離學校稍遠、好在諸位是走路的、附近有小學、房東是中醫、開着很大的藥舖、其親戚徐居曾、我認識、是游先生的好友、

半。我前次在路上吃过十几颗，确乎有效。路上情形，若来得及，请来一封信告诉我。我因房子内部未布置好，不能来贵阳，很对不起你，求你原谅。但我实在想早早和你见面。由聂先生转的款，国币百元，想已拿到。以后来电信“寄昆明联合大学”就行了。

祝你路上平安。

多

廿八日早[①]

房子七间，在楼上，连电灯，月租六十元，押租二百元，房东借家具。这条件在昆明不算贵，押租已交，房租候搬入时再交，厨房在楼下。

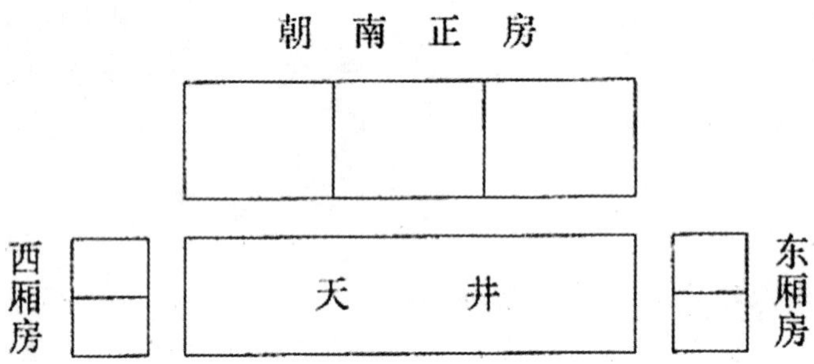

地点买菜最方便，但离学校稍远，好在我是能走路的，附近有小学。

房东是中医，开着很大的药铺，其亲戚徐君当教员，我认识，是游先生的好友。

（根据手书刊印）

①此信写于7月。

1919年五四运动爆发，闻一多怀着炽热的爱国热情投入运动，并被选为学生代表团成员之一。同年6月，全国学生联合会在上海成立，闻一多与罗发组、罗隆基、钱宗堡等代表清华出席。图为7月29日上海《申报》刊载的部分代表照片，后排右三为闻一多

1921 年 11 月，闻一多与梁实秋等同学成立“清华文学社”，并被推为书记兼诗组领袖。该社不仅在校内十分活跃，后来在文学界也产生了一定影响。图为该社成员合影，中排左二为闻一多

《革命军》(又名《武昌起义》)剧照。剧情歌颂武昌起义，讽刺清朝官吏。闻一多参与该剧编剧，并出演革命党人（前排右一）

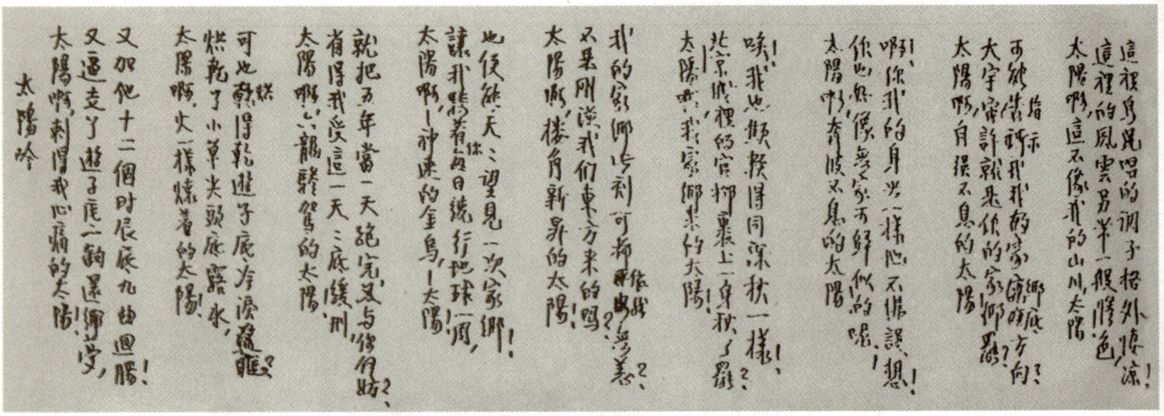
這裡鳥兒唱的調子格外淒涼!
這裡的風雲另帶一般顏色,
太陽啊,這不像我的山川,太陽!
太陽啊,自強不息的太陽,
可能指示我我的家鄉底方向?
大宇宙許就是你的家鄉罷?
太陽啊,奔波不息的太陽
你也好像無家可歸似的,呸!
啊!你我的身世一樣地不能講,想!
唉!我也越發懼怕同深秋一樣!
北京城裡的宮柳裹上一身秋了罷?
太陽啊!我家鄉來的太陽!
我的家鄉此刻可都依然無恙?
不是剛從我們東方來的嗎?
太陽啊,樓角新升的太陽!
也使我天天望見一次家鄉!
請我騎着你每日繞行地球一周,
太陽啊!神速的金烏!太陽!
就把五年當一天跑完又與你何妨?
省得我受這一天天底緩刑,
太陽啊,六龍驂駕的太陽
可也焦得乾游子底冷淚盈眶?
烘乾了小草尖頭底露水,
太陽啊,火一樣燒着的太陽!
又加他十二個時辰九曲迴腸!
又逼走了遊子底一齣還鄉夢,
太陽啊,刺得我心痛的太陽!
太陽吟

闻一多在给吴景超、梁实秋的信中抄写的《太阳吟》

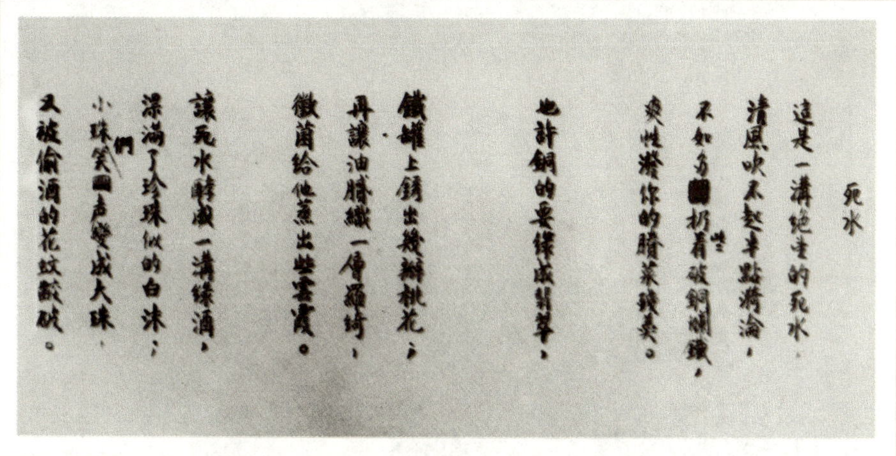
死水

這是一溝絕望的死水，
清風吹不起半點漪淪。
不如多扔些破銅爛鐵，
爽性潑你的賸菜殘羹。

也許銅的要綠成翡翠，

鐵罐上銹出幾瓣桃花；
再讓油膩織一層羅綺，
黴菌給他蒸出些雲霞。

讓死水酵成一溝綠酒，
漂滿了珍珠似的白沫；
小珠們笑聲變成大珠，
又被偷酒的花蚊咬破。

《死水》手迹

1924年10月，闻一多与余上沅、赵太侔、张嘉铸等人在纽约编写出英文中国古装剧《杨贵妃》，并参与布景绘制和服装制作。该剧演出后引起轰动。图为国内报纸刊登的剧照及报道

闻一多参加湘黔滇步行团，途中于树下休息。左席地者为闻一多

闻一多在湘黔滇步行途中重拾画笔，他风趣地说这也是写日记

1939年春，西南联大师生演出抗战话剧《祖国》，闻一多负责布景设计与灯光。演出十分成功，布景被赞为“诗人的布景”。图为闻一多在《祖国》上演时的留影

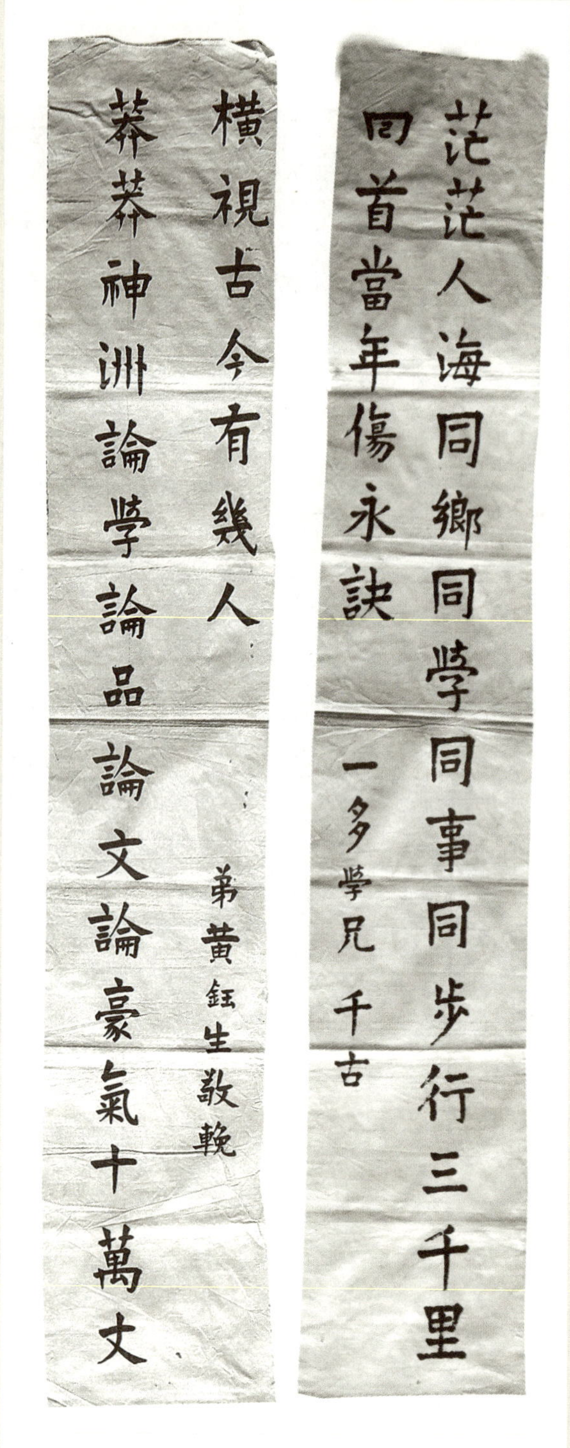
茫茫人海同鄉同學同事同步行三千里
回首當年傷永訣
一多學兄千古
橫視古今有幾人
莽莽神洲論學論品論文論豪氣十萬丈
弟黃鈺生敬輓

闻一多殉难后，西南联大黄钰生教授撰写的挽联

位于昆明一二一四烈士墓前的闻一多衣冠冢，现位于云南师范大学院内

闻一多夫人高真与李何林夫妇、闻一多学生何善周在闻一多墓地祭扫

下篇

爱的表白

除了直接给妻子的情书之外，远在美国的闻一多在给父母家人的信中，也不时提到请家人帮忙照顾怀孕的妻子、替产后的妻子请奶妈、请家人督促妻子多读书多学习等。

闻一多对爱的表白很特别。他对妻子爱的表白除了书信，更表达在诗画中，表达在共筑家的乐窝中。

他在努力的同时，也不忘时刻帮助妻子进步，实现夫妻琴瑟和鸣，共同成长。

这在民国时代追求婚恋自由新潮的文人才子中实属难得！

《第叁章》家书中不忘牵挂

『十四、十六妹与孝贞读书不可间断，孝贞分娩当为雇乳母，以免分彼读书之时。』

『孝贞计应分娩矣。千万须为伊雇乳母，以免分伊读书之工。』

这几封家书都写于 1922 年。

婚后不久，闻一多就动身前往美国留学。留美期间，在致父母亲的信中，闻一多也不忘关心妻子的状况，还不时提醒父母，妻子产后别忘了替她请乳母，要时时督促妻子和妹妹们读书学习，等等。

第[1]封 思家

五哥[①]转呈

双亲大人暨阖家公鉴：

八哥[②]已自旧金山来电，称已抵岸，计明早可到支城。我明日赴站迎接，他约可留此一夜即首途往麻省。美术学院我已报名入学。但犹未分班，因开学日期未到也。近来生活犹常，看书、作笔记而已。现已作就陆游、韩愈两家底研究，蝇头细字，累纸盈寸矣。惜有时欲求参考书不可得，真恨事也。我现在所从事之著作乃以为将来归国教授之用，惟每念及此，辄为心忧。我在此习者，美术也，将或以美术知名于侪辈。归国后孰肯延我教授文学哉？求文学教员者又孰肯延留学西洋者教中文哉？我既不肯在美弃美术而习文学，又决意归国必教文学，于是，遂成莫决之问题焉。

在国时每贱视金钱以为不足吝惜，来此竟以日计算囊中尚余多少，明日当耗多少，战战兢兢惟恐浪费，回思在家与家人为此问题争执，不觉自笑亦以自悲。盖曩在清华无饮食之忧，有钱一日可挥十数金，无钱镇月不用，亦常宴如。今在此一日无钱即为饿莩矣。呜呼，肉体生活之真经验从兹始矣。钱君[③]之脱略，视我有过无不及，吾二人每以为谈，相视而叹，不啻牛衣对泣之楚囚也。本月原欲节省十元，但现只有五元之余裕，想下月正式上课当得较佳之成绩也。

在国时从不知思家之真滋味，出国始觉得也，而在美国为尤甚，因美国政府虽与我亲善，彼之人民忤我特甚（彼称黄、黑、红种人为杂色人，蛮夷也，狗彘也）。呜呼，我堂堂华胄，有五千年之政教、礼俗、文学、美术，除不娴制造机械以为杀人掠财之用，我有何者多后于彼哉，而竟为彼所藐视、蹂躏，是可忍孰不可忍！士大夫久居此邦而犹不知发奋为雄者，真木石也。然吾见在此之留学生，皆瞢瞢者啜醨之徒，吾以一介之士又其奈彼何。

我乡今年如何？二哥三哥[④]职事有更动

否？诸侄已入学否？十四、十六妹[5]与孝贞读书不可间断，孝贞分娩当为雇乳母，以免分彼读书之时。家中若望我之信，当思我之望家信情急百倍，甚望孝贞及两妹写信来，借以观彼等之进步。

耑此顺请

全家吉安。

一多[6]

（根据家属存原始抄件的复印件刊印）

①五哥：闻一多的三胞兄闻家騄，号巡周。闻一多老家中兄弟姐妹均按大排行称呼，闻家騄排行第五，闻一多称他为五哥。②八哥：闻一多的嫡堂兄闻家玺，名亦传，大排行第八。当时亦为清华留美生。③钱君：清华留美同学钱君堡。当时与闻一多同寝室。④二哥三哥：二哥，闻一多长兄闻家骥，号展民，大排行第二。三哥，闻一多的二胞兄闻家驄，大排行第三。⑤十四、十六妹：闻一多的同胞大妹和小妹，大排行十四、十六。⑥此信写于 1922 年 8 月。

第 [2] 封 文学

五哥转呈

双亲大人暨阖家钧览：

前寄上一函不知收到否。入秋气候渐冷，家中都康健否？母亲大人旧疾未发否？诸惟切念。今接十哥[①]来函称孝绢[②]免职，二哥亦相随下台，不胜惊咤。想以孝绢底局面，二哥亦不致全无他方发展之机会。目下不知有何消息否？念甚念甚。今年二哥初移家眷，诸侄甫入校，诸事将有头绪，冀此或可作长久之计，不料忽遇此一打击，真大不幸也。三哥事有影响否？苟三哥尚能支持下去，二哥宽以时日，缓图他道，亦可差强人意也。

两侄晋省后各种情形，我尚未接家中只字之报告。此亦属切念，请示知为盼。

驷弟[3]已入正途之学校，自属大可安心之事。但我不怕他不知用功而怕他过于用功致妨康健。请五哥时写信嘱咐。

我近日功课进行如常；经验愈久，兴趣愈深，不患没有心得也。此校确系美国之首屈一指。我毕业于此后，纵欲续继研究，在此邦亦无处可去也。故三年之后我决即归国。当然学问无穷境，美术亦然。我若欲求更进，只有往欧洲而已。但此在目下，诚属望外。目下我所日夜切望者，毕业回国，将来作过三四年事后，再设法往日本一游。因为此次出国，道经此邦，对于其美术，深表敬仰也。

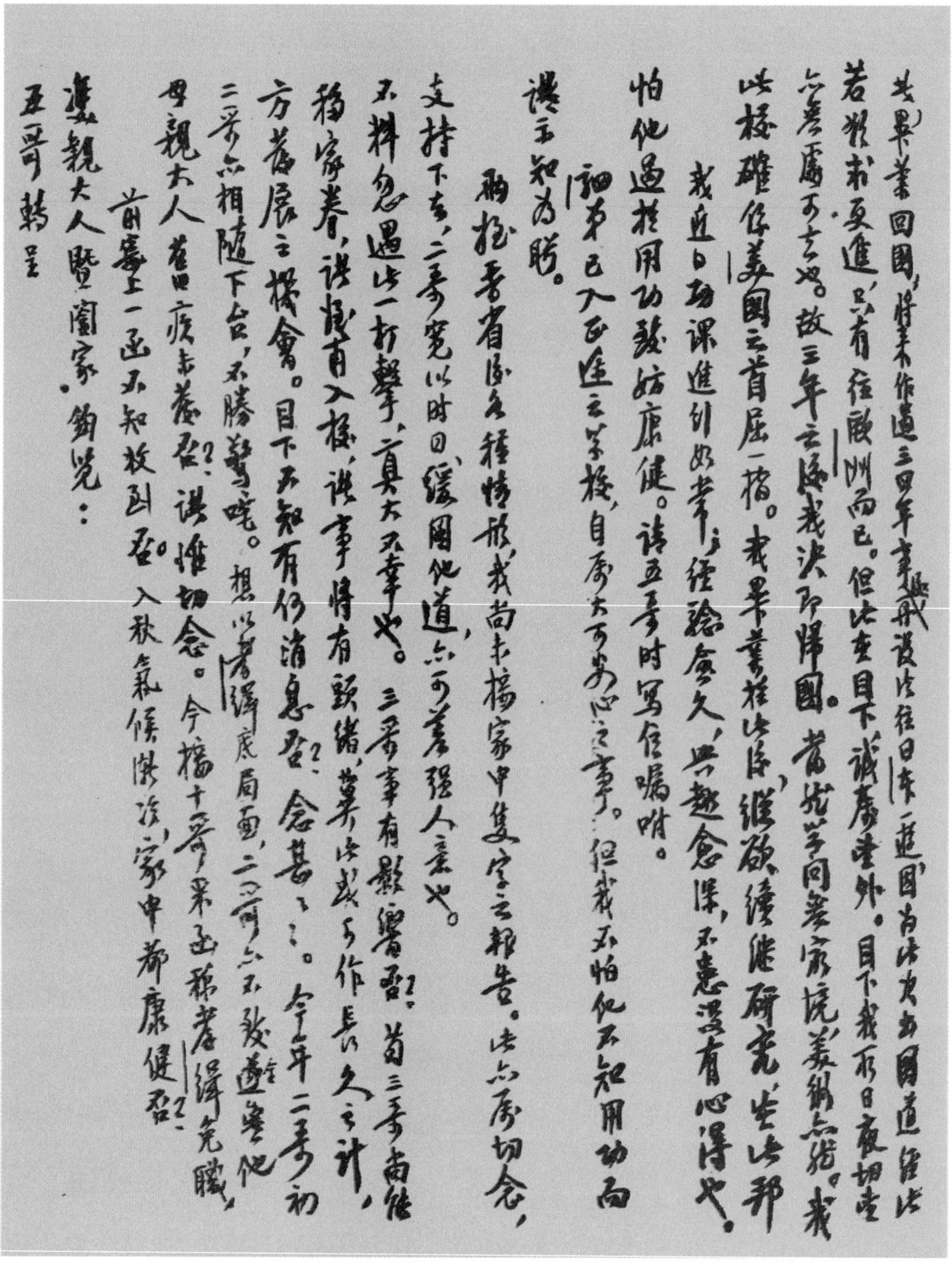

共毕业回国，将来作进三四年事业。设使往日本一游，固为吾国道经此若雅未更进，只有往欧洲而已。但此亦目下诚属望外。目下我所日夜切望亦属万古之恩。故三年之后我决即归国。当此学问，美家境，羡钱亦缺。我此校虽係美国之首屈一指。我毕业于此后，继续研究，在此邦

我近日功课进行如常，经验愈久，兴趣愈深，不患没有心得也。怕他过于用功致妨康健。请五哥时写信嘱咐。

驷弟已入正途之学校，自属大可安心之事。但我不怕他不知用功而谋之知为盼。

两接哥省后各种情形，我尚未接家中集字之报告。此亦所切念，支持下去，二哥竟以时日，缓图他道，亦可差强人意也。不料忽遇此一打击，真大不幸也。三哥事有头绪否？前三哥尚能独家眷，谋职有入标，谋事将有头绪，叶此虽不作长久之计，方卷展之机会。目下不知有何消息否？念甚念甚。今年二哥初二哥亦相随下台，不胜惊叹。想以沥底局面，二哥亦不致逊色他母亲大人旧日疾未痊否？谋准切念。今接十哥来函称考缉免职，

前寄上一函，不知收到否？入秋气候渐凉，家中都康健否？

父亲大人暨阖家钧览：

五哥转呈

我急欲归国更有一理由，则研究文学是也。恐怕我对于文学的兴味比美术还深。我在文学中已得的成就比美术亦大。此一层别人恐不深悉，但我确有把握。

清华底文学社现拟出杂志与丛书。我的《冬夜评》即将与梁实秋底《草儿评》合印一册，为丛书第一集。我如今又在作《女神》底评论[4]。我想以此与《冬夜评》合为一册单独出版，不知文学社肯否。

我现在极想从著作中找点经济的发展，一桩我想这是我对于家中应尽的义务，二桩我的程度如今可算很够了。舒天弟[5]底成绩我很羡慕，但我并不怀疑我自己的造诣很属殊特。《红烛》我期于明春出版。我希望定有点收入，虽是我的希望并不很大。

近来的日子并不算苦，但说起来似乎有点寒酸。为省钱起见，我们三人每天只上饭馆吃一次饭，其余一顿饭就买块面包同一盒干鱼，再加上一杯凉水，塞上肚子便完了。这样顶多有两毛钱就够了；若在饭馆至少也要三毛钱。但是无论怎样苦，我决定每月不多不少要省下五块钱。若有多的钱剩，我就送给书店底老板罢，因为阔的饭我吃不起，急。书呆子快要收利钱了！（李贞讨了姚秀才，家须为伊雇乳母，以免分伊读书之工。一多 十二·廿八。）买的钱同他种著作底版入，统归国中子弟教育费之用。该家中不要的着阔的书我非看不可。大概在红烛未能出版以前，我省下的钱不能寄回。红烛换钱。若有多的钱剩，我就送给书底底老板罢，因为阔的饭我吃不起，馆至少也要三毛钱。但是多商怎样节省，我决定每月不多不少要省下五再加上一杯凉水，就塞上肚子便完了。这样须多有两毛钱就够了。若在饭们三人每天只上饭馆吃一次饭，其余一顿饭就买块方包同一盒乾鱼，

近来的日子并不算苦，但说起来似乎有点寒酸。为省钱起见我明春出版。我希望它有点收入，虽然我的希望并不很大。红烛我期于续。我很羡慕，但我并不怀疑我自己的造诣很属殊特。谢天，我底成对于家中应尽的义务！二桩我的程度为今不算很够了。社旨否。我现在极想从著作中找点经济的发展，一桩我想这是我我为今又在作女神底评论。我想以此与冬夜评合为一册单独出版，不知文学丛书。我的冬夜评论与梁实秋底草儿评合印一册，为丛书第一集。此一层别人恐不深悉，但我确有把握。清华底文学社现拟出杂志与恐怕我对于文学的兴味比美术还深。我在文学中已得的成就比美术实大。那，对于其美术，深表敬仰也。我之想归国又有一理由，则研究文学是也。

阔的书我非看不可。大概在《红烛》未能出版以前，我省下的钱不能寄回。《红烛》买的钱同他种著作底收入，统归家中子弟教育费之用。请家中不要着急。书呆子快要收利钱了！孝贞计应分娩矣。千万须为伊雇乳母，以免分伊读书之工。

一多

十，二十八。

（根据手书刊印）

①十哥：闻一多的嫡堂兄闻亦有，字理天，大排行第十。②孝辑：黄孝辑。闻一多长兄闻家骥的同学，当时在湖北省实业厅任职。③驷弟：闻一多的胞弟闻家驷。④“又在作《女神》底评论”：指评郭沫若《女神》的两篇评论《〈女神〉之时代精神》及《〈女神〉之地方色彩》。后文明确提出诗是一种选择的艺术，“自然的不都是美的”。在新诗发展的过程中，第一次注意到诗美的品格。⑤舒天弟：闻一多的嫡堂弟闻亦齐，字舒天，大排行第十五。

第[3]封 结交

五哥转呈

双亲大人暨阖家钧鉴：

五哥寄来的杂志都收到了。父亲大人手谕及孝贞、十六妹书各一封亦收到。我到芝加哥来比别人都侥幸些。别人整天在家无法与此邦人士接交，而我独不然。

今日同学名卡普其者接我到他家里去。他的母亲待我好极了。伊说伊的儿子出门时曾遇着一位太太待他好极了。伊要还债。所以今日见我要用那位太太待他儿子底方法待我。使我远在万里之外，如在家中一样。这时我向伊说了一句很漂亮的话，我说，我的母亲不久也要还债了。今天伊办了很好的中饭给我吃。下午又留我过夜，我因道远了要早回寓。伊又办了很多的点心迫着我吃。我从未遇着一个外国人待我这样亲热的。这便使我想起我自己的母亲了。想起我自己的家了。

这个卡家里有祖父，有母亲，有父亲，有儿子（就是我的同学），有女儿（出嫁了）。今天是礼拜日，这一家人都在家。其外女婿也来了，外甥儿、外甥女也来了。还有一位女子（或是我的同学底意中人）。这位卡太太问我中国的风俗人情，问我我家里有多少人，我都告诉伊了。我又告诉了伊八九年前我的祖父在世的时候，我们家庭底盛况。他们都称赞不置，他们也有四代人，但不是一家。我们那时是四世同堂，而且人数之多，简直是钟鸣鼎食之家了。他们外国人儿子娶了亲就搬出去了，所以从来没有这样大的家庭。他们听我讲，都奇怪极了。

卡太太又问我“中国人吃饭是真用筷子吗？”我说“还有假的吗？”伊又问道，“你们吃面也用筷子？”我说“我们吃面底时候比你们还多呢。”啊，原来伊闹了半天还是以为我们一只手拿一枝筷子，好像他们一只手拿刀，一只手拿叉似的呢！你们想想你们若一只手拿一枝筷子，你们会扒得动饭捎得起面吗？

下礼拜我又要拜访一位教员（芝加哥大学

底）[1]。这位先生要知道中国东西，清华同学张君景钺便介绍我与他谈话。家里一定都喜欢知道我在这里人家都认我是有中国学问的人。所以若有外国人要知道中国古时的东西，他们就介绍我去了。所以这样我本不善交际也不喜交际，但是我想今年新来芝城的人中没有比我的交际更广的。当然我所谓的交际不是那种虚伪的无事忙，我所结交的都是有学问有道德的人。

但是讲来讲去我不喜欢美国。美国的学生没有中国北京、上海、杭州、南京等处的学生底善于思想、勤于思想。他们在我眼里都是年轻的老腐败。美国的工人没有中国工人勤苦，他们得钱多，做事少。别人以为美国好极了，其实美国好本好，坏处也不少。

我的字现在写得坏极了，一半也因笔不好。我要回来练字。哈哈，这又是要回家底一个理由。父亲写字不便，十四、十六两妹同孝贞要写信来。耑问

阖家安好！

一多

十一月六日

（根据家属存原始抄件刊印）

①温德（Winter），1922 年为芝加哥大学法文副教授。1923 年来中国，1925 年就聘于清华。全国解放后任北京大学教授。

第 [4] 封 译诗

五哥驷弟转呈

父母亲大人膝下：

《小说月报》及《诗》请继续寄来，因现方从事于文学批评，须时时参阅也。我与梁实秋合著的《冬夜草儿评论》已由实秋经理出版，不知驷弟已见到否？我们的意见差不多都包括在此。驷弟久不写信何故？我望你读书发生疑问时，确告我，我定能回答你。《小月说报》[①]与《诗》可先看，再寄给我。《冬夜草儿评论》驷弟如在沪买不到，就请舒弟寄一本来。

我在美术学院底成绩这个月更进步了，因为又多得了一个超等。但是我并不喜现在的功课。昨晚会着一位美国有名女诗人海德夫人。我将我的诗译了几首给她看，她颇這些人我還不討厭。

学家，我也會見了。他们当然在学問界是最上流的人物。在美国另有

詩集，在此邦文学界亦頗有声望。她的丈夫海德先生是一個戲曲家，曾

得了這些事呢？ 海德夫人到過中國，當過詩底編輯，著了兩本

受我的詩要出版的紅燭，或者他們還不能鑑賞他。但我那兒曾

沒有上中國詩集，倒先上了美國詩集。我不知國內的人將怎樣承

送到這裡一個著名雜誌（詩）裏，他們登載。我的朋友們笑我還

我將我的詩譯了幾首給她看，她頗稱讚。她勸我多譯幾首，總她

但是我並不喜現在的功課。昨晚會着一位美國有名女詩人海德夫人

我在美術上[illegible]底成績這個月又進步了，因為又多得了一個藝章。

詩可先看，再寄給我。冬夜草兒評論，駟弟若在沪買不到，就請鈁弟寄一本來。

何故？ 我望你讀書養生疑問，時時確告我，我定能回答你。

不知駟弟已見到否？ 我們的意見差不多都包括在此。駟弟又不寫信

參閱之。 我与梁實秋合著的冬夜草兒評論已由實秋經理出版，

小說月報及詩請繼續寄來，因現方從事於文學批評，須時時

父母親大人 膝下：

五哥、駟弟均鑒

称赞。她劝我多译几首，给她送到这里一个著名杂志（《诗》）请他们登载。我的朋友们笑我还没有上中国诗台，倒先上了美国诗台。我不知国内的人将怎样承受我的将要出版的《红烛》，或者他们还不能鉴赏他。但我那儿管得了这些事呢？海德夫人到过中国，当过《诗》底编辑，著了两本诗集，在此邦文学界颇有声望。她的丈夫海德先生是一个戏曲家、医学家，我也会见了。他们当然在学问界是最上流的人物。在美国只有这些人我还不讨厌。

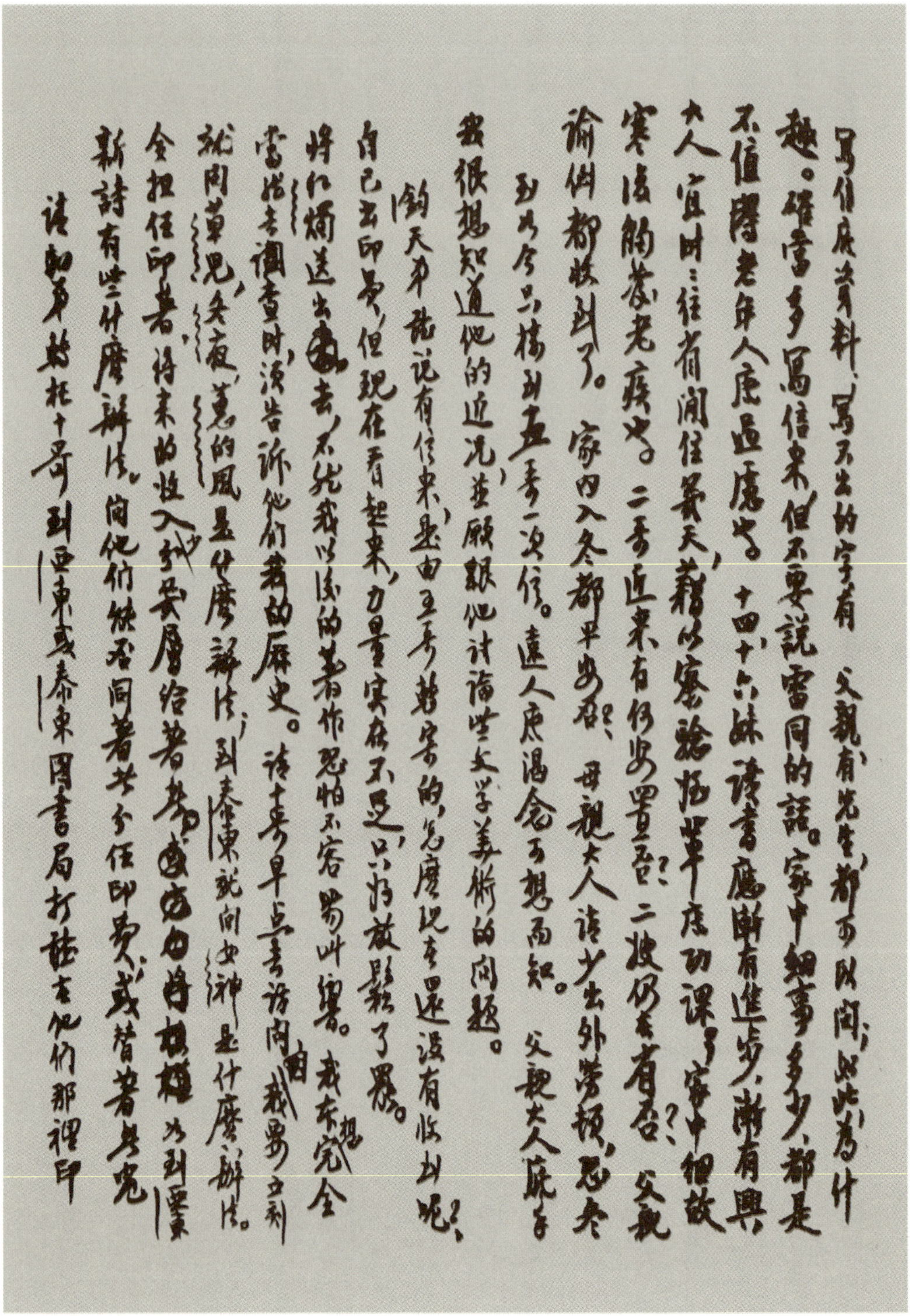

寫信底資料、寫不出的字有　父親、有先生，都可以問；此外為什
趣。確當多寫信來，但不要說雷同的話。家中細事多少，都是
不值得老年人底過慮些。十四、十六妹讀書應斷有進步，漸有興
大人宜時時往前閱任賢天籟以塞論務業于底功課。家中細故
寒後能蓋老痰些。二哥近來有何安置否？二嫂仍在看否？父親
論俱都收到了。家內入冬都平安否？母親大人請少出外勞頓，恐冬
到此今只接到五哥一次信。遠人底渴念可想而知。父親大人底
我很想知道他的近況並願跟他討論些文學美術的問題。
鈞天弟說有信來，是由五哥轉寄的，怎麼現在還沒有收到呢？
自己出印費，但現在看起來，力量實在不足，只得放鬆了罷。
將紅燭送出去，不然我以後的著作恐怕不容易叫響。我本想完全
當然要圖書時須告訴他們書的歷史。請五哥早點去訪問，我要立刻
就問草兒、冬夜、蕙的風是什麼辦法；到泰東就向女神是什麼辦法。
全担任印費，將來的版權歸著作者；或書局給著作者抽版稅，以到要
新詩有些什麼辦法。向他們能否同著者分任印費，或替著者完
請五哥到亞東或泰東圖書局打聽去他們那裡印

请驷弟转托十哥到亚东或泰东图书局打听在他们那里印新诗有些什么办法。问他们能否同著者分任印费；或替著者完全担任印著，将来的收入少分几层给著者。如到亚东就问《草儿》、《冬夜》、《蕙的风》是什么办法；到泰东就问《女神》是什么办法。当然去调查时，须告诉他们我的历史。请十哥早点去访问，因我要立刻将《红烛》送出去，不然我以后的著作恐怕不容易叫响。我本想完全自己出印费，但现在看起来，力量实在不足，只好放松了罢。

钧天弟[②]听说有信来，是由五哥转寄的，怎么现在还没有收到呢？我很想知道他的近况，并愿跟他讨论些文学美术的问题。

到如今只接到五哥一次信。远人底渴念可想而知。父亲大人底手谕倒都收到了。家内入冬都平安否？母亲大人请少出外劳顿，恐冬寒复触发老疾也。二哥近来有何安置否？ 二嫂仍在省否？父亲大人宜时时往省间住几天，借以察验侄辈底功课；家中细故不值得老年人底过虑也。

麼不多寫些好的長的信來呢？我不是說從前的信不好（「家書抵萬金」那有不好的呢？）但我還要看更好的信。孝貞計當近臨盆之期矣。從此要脫去所有的孩子氣，用心鞠育，用心讀書。在家裡一方面請如能多使她得一刻讀書底時期，少負些鞠育底責任，那我們就感激不盡了。但是這並不是說孝貞不當學習這些事。這些事她應處處留心觀察，因為這是女人底正式的職分之一種。

以下的話，十四十六兩妹及孝貞都當讀者。你們看這封我的信裡又提到一個美國的女詩人，因為她誇獎了我的詩，我就很以為得意。這樣看來，女人並不是不能造大學問，幹大事業。我們美術學院底教員多半是女人。女人並不弱似男人。外國女人是這樣，中國女人何嘗不是這樣呢？好像你們要我寫信寫楷字。你們實在辦不到，第一樁，我太忙了，第二樁我寫楷字真寫得不痛快。請你們原諒我。好在我寫的都是行書，沒有草字。行書你們也是要學的。

家中今年收成不好。但是我在美國讀書底成績是十足的收成。可見得「硯田無惡歲」了！家中應引為欣慰。

一多寄自美國。陽十二月二日。

十四、十六妹读书应渐有进步、渐有兴趣。确当多写信来，但不要说雷同的话。家中细事多少，都是写信底资料。写不出的字，有父亲，有先生，都可以问；如此，为什么不多写些好的长的信来呢？我不是说从前的信不好（“家书抵万金”那有不好的呢？），但我还要看更好的信。孝贞计当近临盆之期矣。从此当脱去所有的孩子气，用心鞠育，用心读书。在家里一方面，如能多使她得一刻读书底时候，少负些鞠育底责任，那我们就感激不尽了。但是这并不是说孝贞不当学习这些事。这些事她应处处留心观察，因为这是女人底正式的职分之一种。

以下的话，十四十六两妹及孝贞都当听者。你们看这次我的信里又提到一个美国的女诗人，因为她夸奖了我的诗，我就很以为得意。这样看来，女人并不是不能造大学问、大本事。我们美术学院底教员多半是女人。女人并不弱似男人。外国女人是这样，中国女人何尝不是这样呢？好像你们要我写信写楷字。你们实在办不到，第一桩，我太忙了，第二桩，我写楷字真写得不痛快。请你们原谅我。好在我写的都是行书，没有草字。行书你们也是要学的。

家中今年收承不好，但是我在美国读书底成绩是十足的收成。可见得“砚田无恶岁”了！家中应引为欣慰。

一多寄自美国。

阳十二月二日。

（根据手书刊印）

①应为《小说月报》。②闻一多的嫡堂弟，名亦尊，字钧天，大排行第十四。

第[5]封 盼信

父母亲大人暨全家合鉴：

又久未接家信，家中均好否？前上诸函谅都收到。近来身体甚佳，功课成绩亦有进步。人体写生从来只得上等，这回得了超等了。所以现在的分数是青一色的超了。我来此半年多，所学的实在不少，但是越学得多，越觉得那些东西不值得一学。我很惭愧我不能画我们本国的画，反而乞怜于不如己的邻人。我知道西洋画在中国一定可以值钱，但是论道理我不应拿新奇的东西冒了美术的名字来骗国人底钱。因此我将来回国当文学教员之志乃益坚。

家中望远人底信，却总不写信来，这亦不可解。十四十六两妹，及孝贞为何亦不

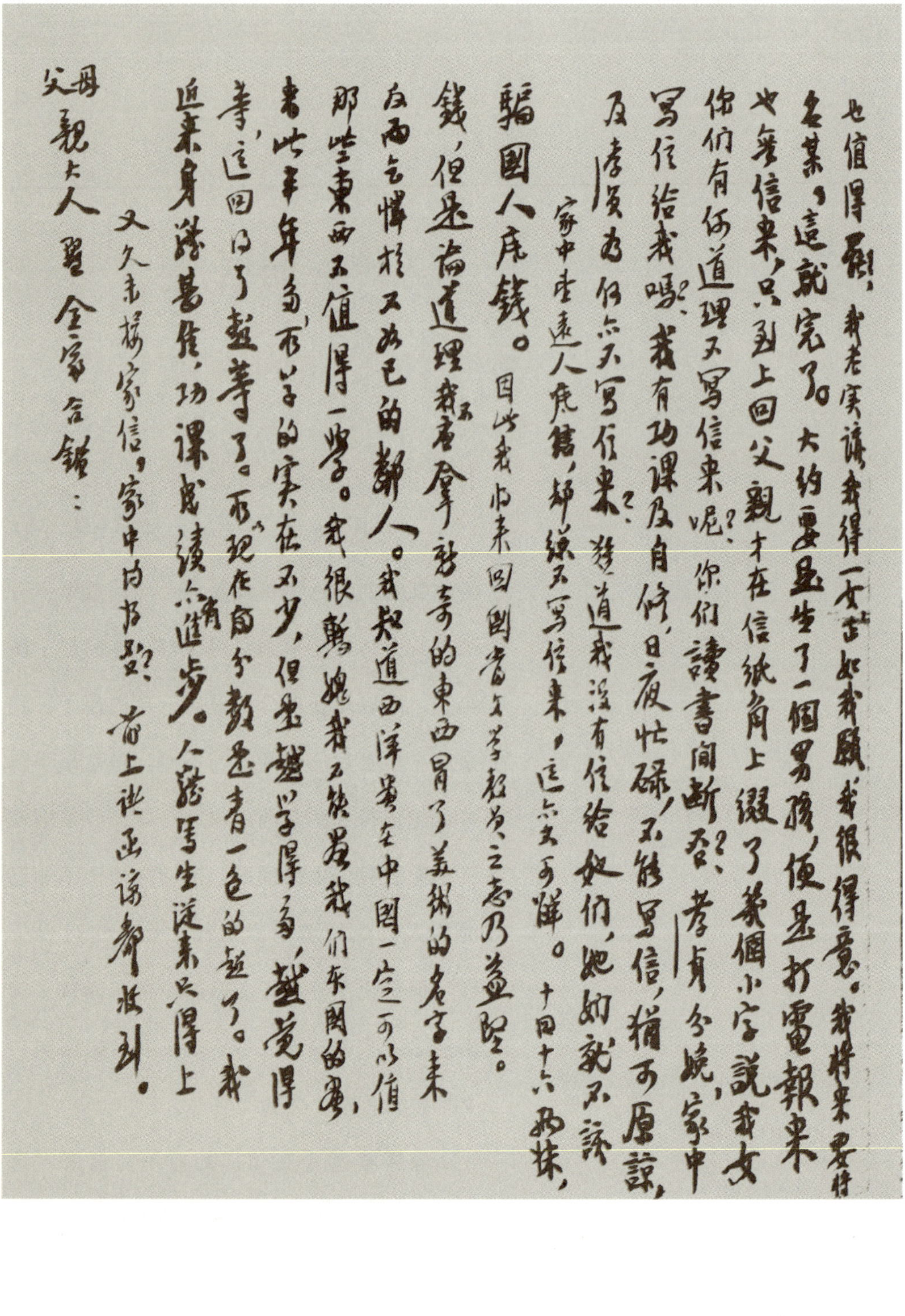

也值得慶，我老實講，我得一女若如我願，我很得意。我將來要將
名某，這就完了。大約要是生了一個男孩，便是打電報來
也無信來，只到上回父親才在信紙角上綴了幾個小字說我女
你們有何道理又寫信來呢？你們讀書間斷否？孝貞今曉，家中
寫信給我嗎？我有功課及自修，日夜忙碌，不能寫信，猶可原諒，
及孝貞為何亦不寫信來？難道我沒有信給她們，她們就不該
家中望遠人來錢，卻總不寫信來，這亦太可憐。十月十六 兩妹，
騙國人底錢。因此我仍未回國當文學教員之志乃益堅。
錢，但是論道理我不應拿我寄的東西冒了美術的名字來
在西方懾於不如己的鄰人。我知道西洋畫在中國一定可以值
那些東西不值得一學。我很慚愧我不能畫我們東國的畫，
畫此半年多，所學的實在不少，但是越學得多，越覺得
等，這回得了超等了。而現在所得分數是青一色的超等了。我
近來身體甚佳，功課也讀亦有進步。人體寫生從來只得上
又久未接家信，家中均好否？前上諸函諒都收到。
父母親大人 暨 全家 合鑒：

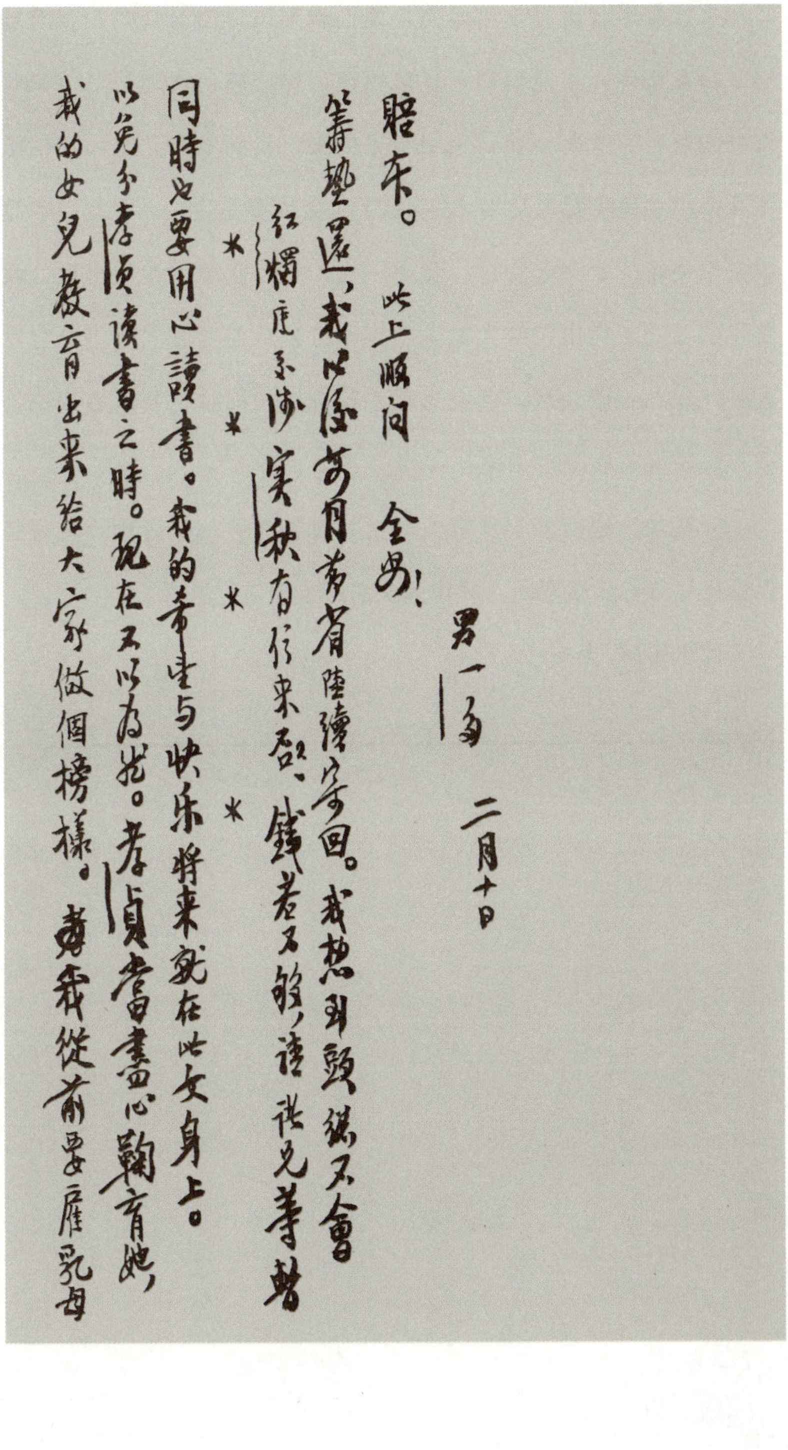

男一多 二月十日

賠本。此上 順问 全安！

籌墊還，我以為每月都有陸續寄回。我想到頭總不會

紅燭底子交實秋有信來否、錢若不够，請張兄等替

* * * *

同時也要用心讀書。我的希望与快乐将来就在此女身上。

以免分孝貞讀書之時。現在不以為然。孝貞當盡心鞠育她，

我的女兒教育出来給大家做個榜樣。我從前要雇乳母

写信来？难道我没有信给她们，她们就不该写信给我吗？我有功课及自修，日夜忙碌，不能写信，犹可原谅，你们有何道理不写信来呢？你们读书间断否？孝贞分娩，家中也无信来，只到上回父亲才在信纸角上缀了几个小字说我女名某[①]，这就完了。大约要是生了一个男孩，便是打电报来也值得罢？我老实讲，我得一女，正如我愿，我很得意。我将来要将我的女儿教育出来给大家做个榜样。我从前要雇乳母以免分孝贞读书之时。现在不以为然。孝贞当尽心鞠育她，同时也要用心读书。我的希望与快乐将来就在此女身上。

《红烛》底交涉实秋有信来否？钱若不够，请诸兄等暂筹垫还，我以后每月节省陆续寄回。我想到头总不会赔本。

此上顺问 全安！

男 一多

二月十日

（根据手书刊印）

①闻一多的长女名闻立瑛，1922年12月生，1926年夭折。

第[6]封 出书

五哥、驷弟转呈

阖室公鉴：

十哥代寄来的《创造》与《小说月报》都已收到。第二次寄回的钱不知收到否。今接实秋来函称诗稿将寄与泰东承印，版权归他们，可以得到一点稿费，也倒底不知多少。成仿吾（《创造》底编辑）并允代为帮忙。稿费底事，在我们本不好太执著，还价是讲不到的，只好随便一点，落得出版以后，销行可望广一点。初出头的作家本来是要受点委曲的。《冬夜草儿评论》，除了结识了郭沫若及创造社一般人才外，可说是个失败。我埋伏了许久，从来在校外的杂志上姓名没有见过一回，忽然就要独立的印出单行本来，这实在是有点离奇，也太大胆一点。但是幸而我的把握当真拿稳

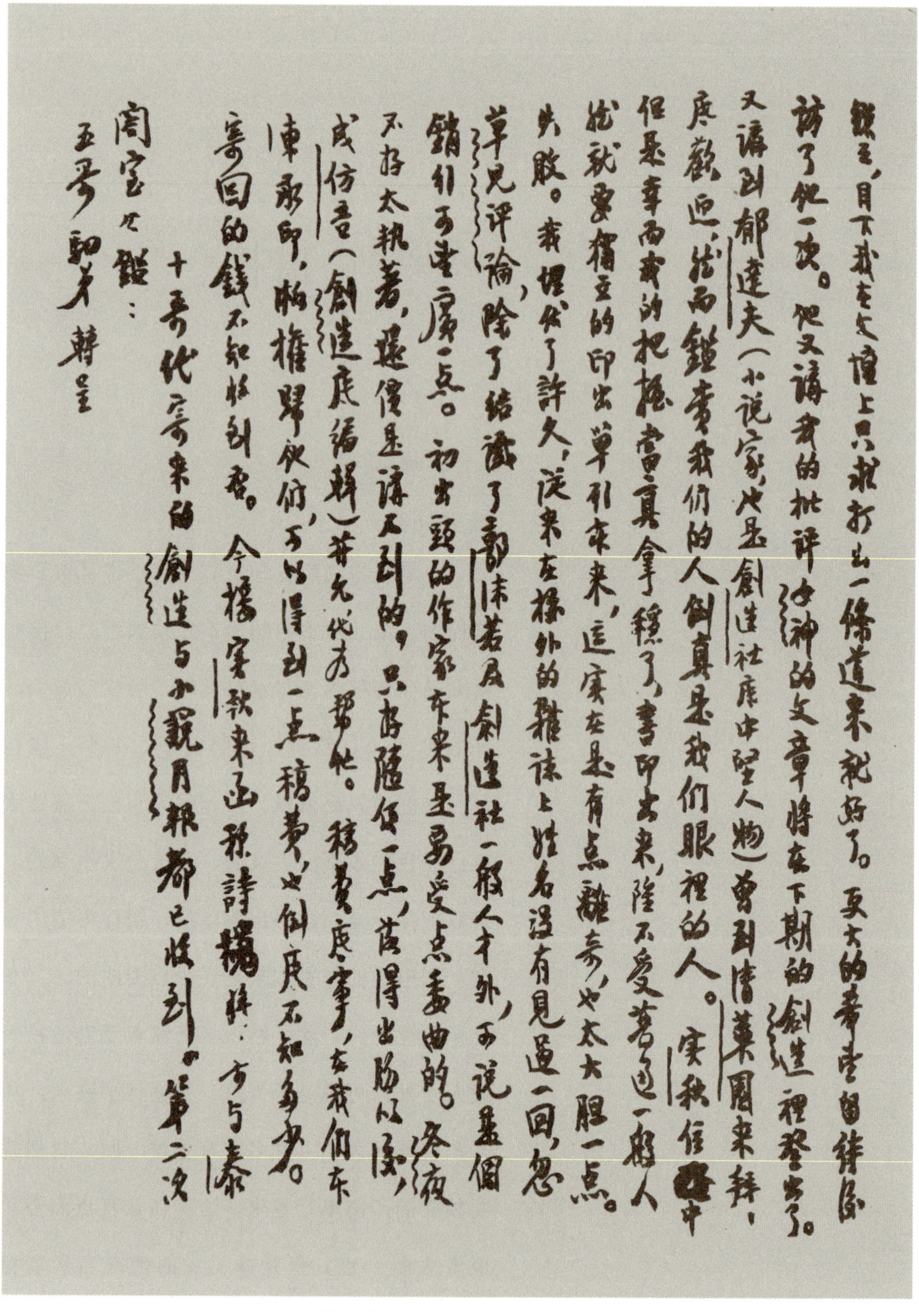

錢了，目下我在文壇上只求打出一條道來就好了。要大的希望留待[illegible]
訪了他一次。他又讀我的批評《女神》的文章，將在下期的《創造》裡登出了。
又講到郁達夫（小說家，也是創造社底中堅人物）曾到清華園來拜，
底歡迎，然而鍾素我們的人倒真是我們眼裡的人。實秋住[illegible]中
但是幸而我們把握當真拿穩了，書印出來，雖不受著這一般人
就就要獨立的印出單行本來，這實在是有点難為，也太大膽一點。
失敗。我們做了許久，從來在標外的雜誌上姓名沒有見過一回，忽
草兒評論，除了結識了郭沫若及創造社一般人才外，可說是個
錯们可費廣一点。初出頭的作家本來是易受点委曲的。《冬夜》
不好太執著，還是價是讀不到的。只好隨便一点，落得出版以後，
成仿吾（創造底編輯）替先代為帮他。稿費底事，在我們本
陳承印，版權歸我們，可以得到一点稿費，也倒底不知多少。
寄回的錢不知收到否。今接實秋來函，稱詩稿擬寄與泰
十哥代寄來的《創造》與《小說月報》都已收到。第二次
闔宅公鑒：
五哥駟弟轉呈

了，书印出来，虽不受普通一般人底欢迎，然而鉴赏我们的人倒真是我们眼里的人。实秋信中又讲到郁达夫（小说家，也是创造社底中坚人物）曾到清华园来拜访了他一次。他又讲我的批评《女神》的文章将在下期的《创造》里登出了。总之，目下我在文坛上只求打出一条道来就好了。更大的希望留待后日再实现罢。近来作了一首写清华生活的长诗[①]，寄给此邦各处的朋友看了，都纷纷写信来称赞，其中浦薛凤[②]尤其像发狂似的赞美我。我觉得名誉一天天的堆上我身来了；从此我更要努力。

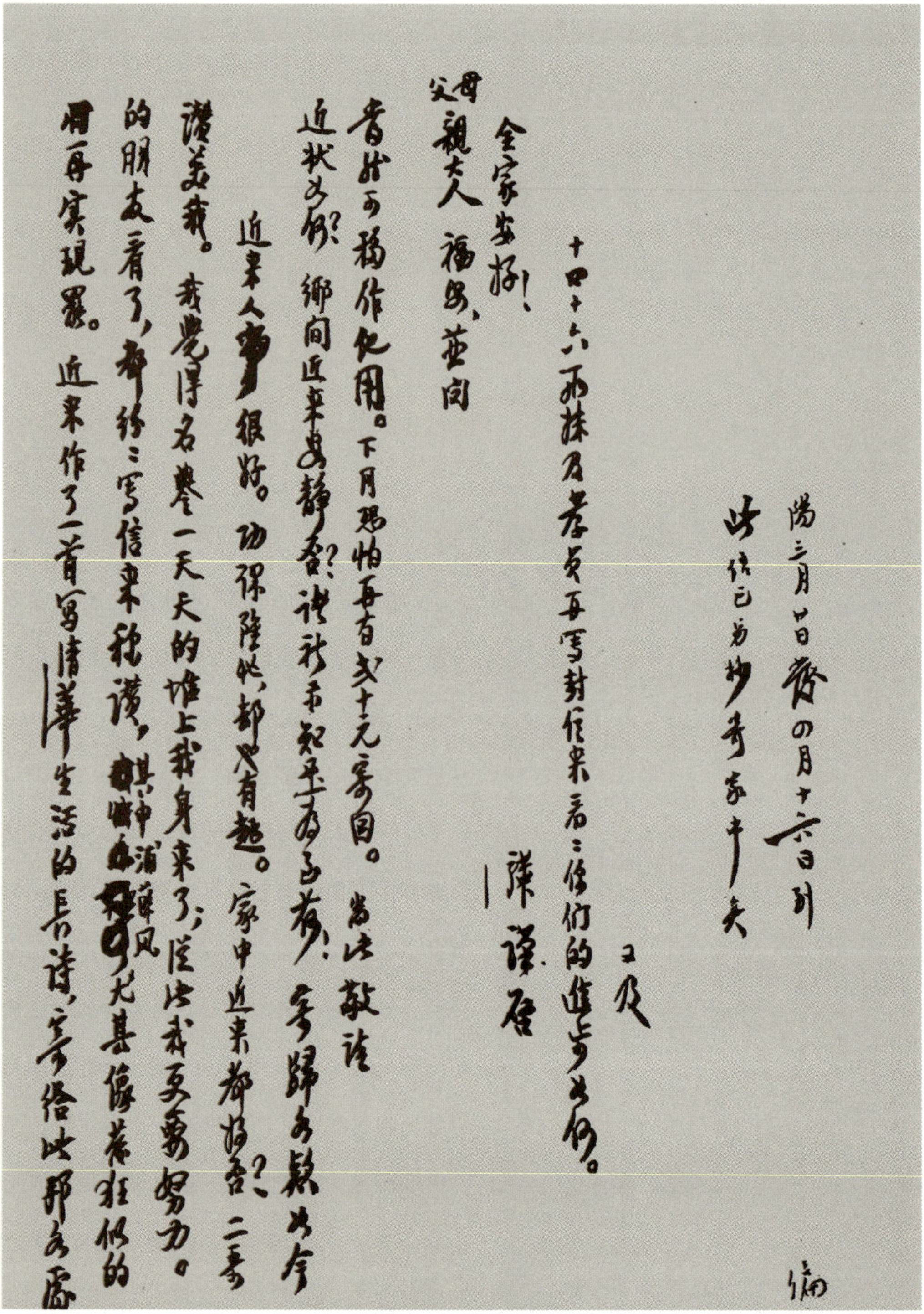
陽三月廿日發 四月十六日到

此信已另抄寄家中矣

十四、十六兩妹及孝曾再寫封信來看看你們的進步如何。 又及

驊 謹啟

全家安好！

父母親大人 福安，並問

青此可移作他用。下月恐怕再有美十元寄回。 專此 敬請

近狀如何？ 鄉間近來安靜否？讀秋亦知平安否？寄歸與縣如今

近來人事很好。功課雖忙，都以有趣。家中近來都好否？二哥

讚美哉。 我覺得名譽一天天的堆上我身來了，從此我更要努力。

的朋友看了，都紛紛寫信來稱讚，其中浦薛鳳尤甚，像發狂似的

再實現罷。 近來作了一首寫清華生活的長詩，寄給此那和[illegible]

编

近来人事很好。功课虽忙，却也有趣。家中近来都好否？二哥近状如何？乡间近来安静否？诸祈示知是为至荷！寄归各款如今当然可移作他用。下月恐怕再有贰十元寄回。耑此敬请

父母亲大人福安，并问

全家安好！

骅 谨启

十四十六两妹及孝贞再写封信来看看你们的进步如何。

又及

此信已另抄寄家中夫

阳三月廿日发四月十六日到

（根据手书刊印）

①“写清华生活的长诗”指的是《园内》。②浦薛风，字逖生，清华1921级毕业生。

第[7]封 接济

[上缺]其时孔方梅三君[1]亦正抵美，八哥及潘吴两君[2]即来此团集。各处到芝路费皆公摊，例如八哥由吴城到芝路费非彼自出，乃社中代给也。因此每人须捐五十元，始可敷用。九月以前恐无款寄回矣。孔繁祁今夏来美，因家中不能筹款（孔君无父母，伯父不予接济），所需制装等项皆由在美友辈凑集接济。八哥曾借与三十元，我借与二十元。又前在校时向校中所借长期借款现亦方分月还偿。故目下手中亦不名一钱。

此间天气甚怪，前一星期还曾下雪。现在则正春温矣，树木将将发芽。春序复回，良时佳节，又是思乡之大好机会。旅人对此，徒唤奈何耳！十四十六两妹及孝

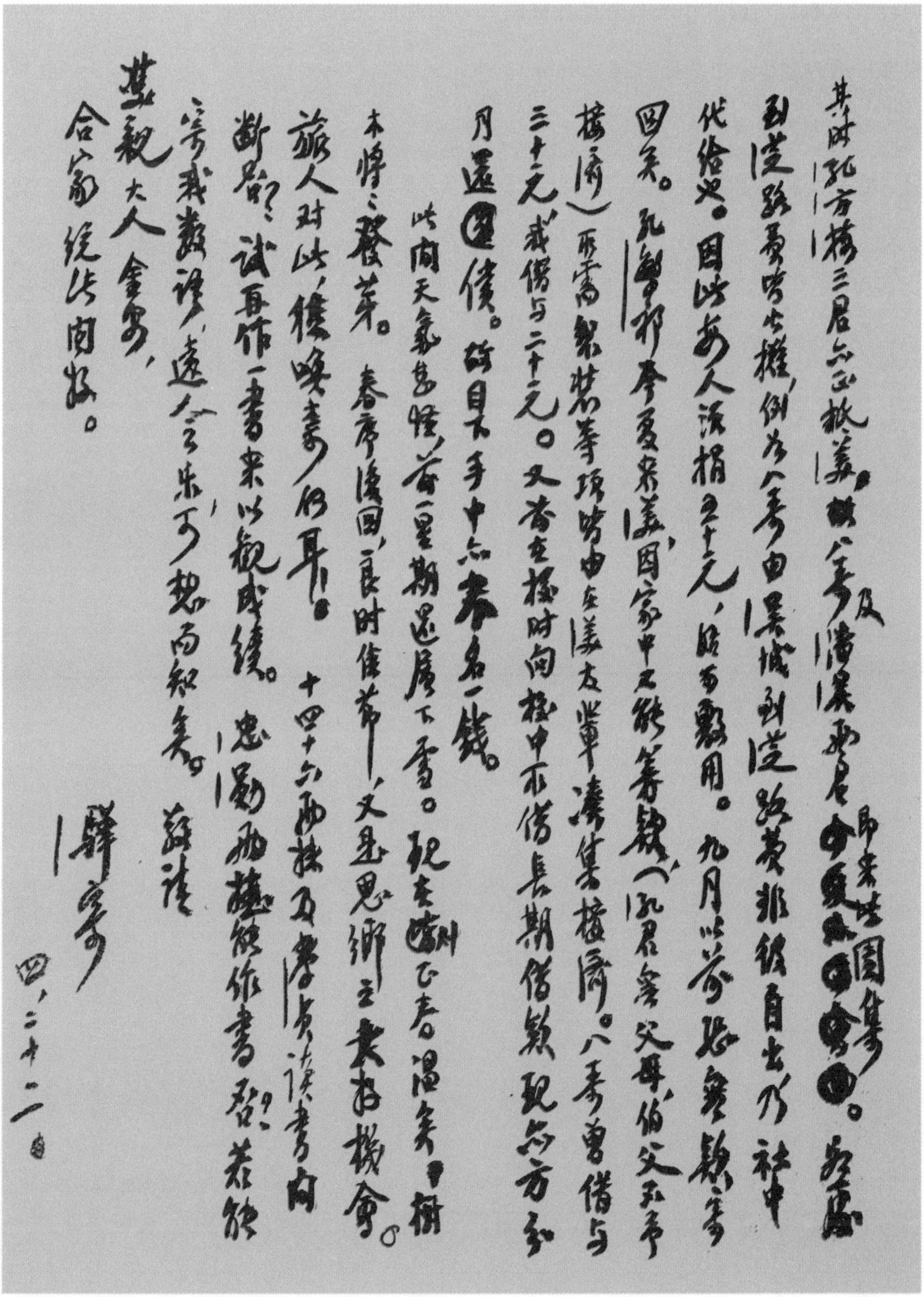

其时孔方樯三君亦正掀羡，故八弟及潘渠两君即来此[illegible]。学费
到达路费由我推，例如八弟由渠城到达路费非彼自出，乃社中
代给也。因此每人须捐五十元，作为补用。九月以前将此项款寄
回来。孔繁祁本要来美，因家中无能筹款（孔君系父母、伯父五弟
接济）所需船票等项均由在美友辈凑集接济。八弟曾借与
二十元，我借与二十元。又当在校时向校中亦借长期借款，现为方到
月还债。故目下手中亦未名一钱。
此间天气多怪，前一星期还屡下雪。现在渐已春温矣。树
木将将发芽。春季后回，良时佳节，又是思乡之最好机会。
旅人对此，能毋嗟叹耶！　十四十六两妹及潘君读来书内
断语？试再作一书来以观成绩。　忠渊刚两勤作书启？恭能
写我数语，远人会乐于想而知矣。　薛法
慈亲大人金安，
合家统此问好。
薛[illegible]
四，二十一日

贞读书间断否？试再作一书来以观成绩。忠勋两侄[③]能作书否？若能寄我数语，远人之乐，可想而知矣。敬请

双亲大人金安，

合家统此问好。

骅 寄

四，二十二。

（根据手书刊印）

①孔繁祁、方重、梅贻宝，皆为清华1923级毕业生。②潘光旦、吴泽霖。③闻一多的大侄儿闻立忠与二侄儿闻立勋。

《第肆章》缱绻诗画情

虽然闻一多和妻子的结合是父母之命，但婚后他不断帮助妻子提升，两人不断增进精神世界的沟通。

与妻子分离时，他把对妻子和家的爱与思念寄托在诗画中。在团聚时，他们共同把家打造成一个充满诗情画意的爱的乐窝。

闻一多早年专学美术，对古文字又有深入研究，因此亦喜爱篆刻，称之为“妙龄姬人”。在昆明时期，面对生活的艰辛，在朋友们的鼓励下，闻一多开始挂牌治印

闻一多在清华学校读书时为清华年刊所作插图，名为《梦笔生花》

闻一多家有一种美的引力

徐志摩

我早在三两天前才知道闻一多的家是一群新诗人的乐窝，他们常常会面，彼此互相批评作品，讨论学理。上星期六我也去了。一多那三间画室，布置的意味先就怪。他把墙壁涂成一体墨黑，狭狭的给镶上金边，像一个裸体的非洲女子手臂上脚踝上套着细金圈似的情调。有一间屋子朝外壁上挖出一个方形的神龛，供着的，不消说，当然是米鲁薇纳丝一类的雕像。他的那个也够尺外高，石色黄澄澄的像蒸熟的糯米，衬着一体黑的背景，别饶一种澹远的梦趣，看了叫人想起一片倦阳中的荒芜的草原，有几条羊尾几个羊头在草丛中掉动。这是他的客室。

那边一间是他做工的屋子，基角上支着画架，壁上挂着几幅油色不会干的画，屋子极小，但你在屋里觉不出你的身子大；带金圈的黑公主

闻一多为徐志摩著《巴黎鳞爪》设计的封面

有些杀伐气，但她不致于吓瘪你的灵性；裸体的女神（她屈着一支腿挽着往下沉的亵衣），免不了部分引诱性，但她决不容许你逾分的妄想。白天有太阳进来，黑壁上也沾着光；晚快黑影进来，屋子里仿佛有梅斐士滔佛利士的踪迹：夜间黑影灯光交斗，幻出种种不成形的怪相。

这是一多手造的阿房，确是一个别有气象的所在，不比我们单知道买花洋纸糊墙，买花席子铺地，买洋式木器填屋子的乡蠢。有意识的安排，不论是一间屋，一身衣服，一瓶花，就有一种激发想像的暗示，就有一种特具的引力，难怪一多家里见天有那些诗人去团聚——我羡慕他！

（出自徐志摩《诗刊弁言》中的有关段落，具体见《晨报·诗镌》第一期，1926年3月30日。）

闻一多为潘光旦著《冯小青》画的插图《对镜》（水彩）

1928年1月，闻一多第二部诗集《死水》出版。图为闻一多为自己的诗集《死水》设计的封面及环衬

1928年8月，闻一多应聘为武汉大学第一任文学院院长兼中文系主任。武大所在罗家山，闻一多建议改为谐音而又有诗意的珞珈山，此名沿用至今。这期间，闻一多还为武汉大学设计了校徽。图为闻一多设计的武大校徽

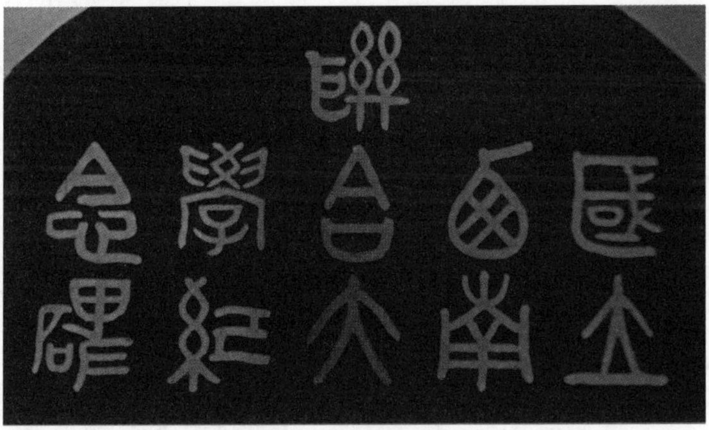

闻一多为西南联大纪念碑题写的碑额

闻一多在湘黔滇步行途中的速写《链子桥》

闻一多在湘黔滇步行途中的速写《金凤山》

《第伍章》把对你的爱写在诗中

闻一多在留美期间，怀着对祖国和家人的深切思念，写作了很多诗歌，如名篇《太阳吟》《忆菊》等等，他把这些诗辑入了诗集《红烛》。

长诗《红豆》是其中的一首，诗中表达了对妻子的爱恋和对家的想念。

《回来》一诗是他在回国后任教于南京中山大学时写的，反映了对妻、对家的深情。

红豆

这是一首爱情组诗，写于出国后的第一个长假，是写给新婚妻子高孝贞的。可以说，这是一封深情而苦涩的情书。全诗在错综复杂的心情中，始终贯穿着一种强烈的思念和真挚的情意。诗写成后，闻一多曾动情地给妻子去信说：“《红豆》是为你写的。”

一

红豆似的相思啊！
一粒粒的
坠进生命底磁坛里了……
听他跳激底音声，
这般凄楚！
这般清切！

二

相思着了火，

有泪雨洒着，

还烧得好一点；

最难禁的，

是突如其来，

赶不及哭的干相思。

三

意识在时间底路上旅行：

每逢插起一杆红旗之处，

那便是——

相思设下的关卡，

挡住行人，

勒索路捐的。

四

袅袅的篆烟啊！

是古丽的文章，

淡写相思底诗句。

五

比方有一屑月光，

偷来匍匐在你枕上，

刺着你的倦眼，

撩得你镇夜不着，

你讨厌他不？

那么这样便是相思了！

六

相思是不作声的蚊子，

偷偷地咬了一口，

陡然痛了一下，

以后便是一阵底奇痒。

七

我的心是个没设防的空城，

半夜里忽被相思袭击了，

我的心旌

只是一片倒降；

我只盼望——

他恣情屠烧一回就去了；

谁知他竟永远占据着，

建设起宫墙来了呢？

八

有两样东西，

我总想撇开，

却又总舍不得：

我的生命，

同为了爱人儿的相思。

九

爱人啊！

将我作经线，

你作纬线，

命运织就了我们的婚姻之锦；

但是一帧回文锦哦！

横看是相思，

直看是相思，

顺看是相思，

倒看是相思，

斜看正看都是相思，

怎样看也看不出团圝二字。

一〇

我俩是一体了！

我们的结合，
至少也和地球一般圆满。
但你是东半球，
我是西半球，
我们又自己放着眼泪，
做成了这苍莽的太平洋，
隔断了我们自己。

一一

相思枕上的长夜，
怎样的厌厌难尽啊！
但这才是岁岁年年中之一夜，
大海里的一个波涛。
爱人啊！
叫我又怎样泅过这时间之海？

一二

我们有一天
相见接吻时，
若是我没小心，
掉出一滴苦泪，
渍痛了你的粉颊，

你可不要惊讶！

那里有多少年底

生了锈的情热底成分啊！

一三

我到底是个男子！

我们将来见面时，

我能对你哭完了，

马上又对你笑。

你却不必如此；

你可以仰面望着我，

像一朵湿蔷薇，

在霁后的斜阳里，

慢慢儿晒干你的眼泪。

一四

我把这些诗寄给你了，

这些字你若不全认识，

那也不要紧。

你可以用手指

轻轻摩着他们，

像医生按着病人的脉，

你许可以试出，

他们紧张地跳着，

同你心跳底节奏一般。

一五

古怪的爱人儿啊！

我梦时看见的你

是背面的。

一六

在雪黯风骄的严冬里，

忽然出了一颗红日；

在心灰意冷的情绪里，

忽然起了一阵相思——

这都是我没料定的。

一七

讨诗债的债主

果然回来了！

我先不妨

倾了我的家赀还着。

到底实在还不清了，

再剜出我的心头肉，

同心一起付给他罢。

一八

我昼夜唱着相思底歌儿。

他们说我唱得形容憔悴了，

我将浪费了我的生命。

相思啊！

我颂了你吗？

我是吐尽明丝的蚕儿，

死是我的休息；

我诅了你吗？

我是吐出毒剑底蜂儿，

死是我的刑罚。

一九

我是只惊弓的断雁，

我的嘴要叫着你，

又要衔着芦苇，

保障着我的生命。

我真狼狈哟！

二〇

扑不灭的相思，
莫非是生命之原上底野烧？
株株小草底绿意，
都要被他烧焦了啊！

二一

深夜若是一口池塘，
这飘在他的黛漪上的
淡白的小菱花儿，
便是相思底花儿了，
哦！他结成青的，血青的，
有尖角的果子了！

二二

我们的春又回来了，
我搜尽我的诗句，
忙写着红纸的宜春帖。
我也不妨就便写张
“百无禁忌”。
从此我若失错触了忌讳，
我们都不必介意罢！

二三

我们是两片浮萍：
从我们聚散的速率，
同距离底远度，
可以看出风儿底缓急，
浪儿底大小。

二四

我们是鞭丝抽拢的伙伴，
我们是鞭丝抽散的离侣。
万能的鞭丝啊！
叫我们赞颂吗？
还是诅咒呢？

二五

我们弱者是鱼肉；
我们曾被求福者
重看了盛在笾豆里，
供在礼教底龛前。
我们多么荣耀啊！

二六

你明白了吗？

我们是照着客们吃喜酒的

一对红蜡烛；

我们站在桌子底

两斜对角上，

悄悄地烧着我们的生命，

给他们凑热闹。

他们吃完了，

我们的生命也烧尽了。

二七

若是我的话

讲得太多，

讲到末尾，

便胡讲一阵了，

请你只当我灶上的烟囱。

口里虽蓊蓊地吐着黑灰，

心里依旧是红热的。

二八

这算他圆满的三绝罢！——

莲子，

泪珠儿，

我们的婚姻。

二九

这一滴红泪：

不是别后的清愁，

却是聚前的炎痛。

三〇

他们削破了我的皮肉，

冒着险将伊的枝儿

强蛮地插在我的茎上。

如今我虽带着瘿肿的疤痕，

却开出从来没开过的花儿了。

他们是怎样狠心的聪明啊！

但每回我瞟出看花的人们

上下抛着眼珠儿，

打量着我的茎儿时，

我的脸就红了！

三一

哦，脑子啊！

刻着虫书鸟篆的

一块妖魔的石头，

是我的佩刀底砺石，

也是我爱河里的礁石，

爱人儿啊！

这又是我俩之间的界石！

三二

幽冷的星儿啊！

这般零乱的一团！

爱人儿啊！

我们的命运，

都摆布在这里了！

三三

冬天底长夜，

好不容易等到天明了，

还是一块冷冰冰的

铅灰色的天宇，

那里看得见太阳呢？

爱人啊！哭罢！哭罢！

这便是我们的将来哟！

三四

我是狂怒的海神，

你是被我捕着的一叶轻舟。

我的情潮一起一落之间，

我笑着看你颠簸；

我的千百个涛头

用白晃晃的锯齿咬你，

把你咬碎了，

便和樯带舵，吞了下去。

三五

夜鹰号咷地叫着；

北风拍着门环，

撕着窗纸，

撞着墙壁，

掀着屋瓦，

非闯进来不可。

红烛只不息地淌着血泪，

凝成大堆赤色的石钟乳，

爱人啊！你在那里？

快来剪去那乌云似的烛花，

快窝着你的素手

遮护着这抖颤的烛焰！

爱人啊！你在那里？

三六

当我告诉你们：

我曾在玉箫牙板，

一派悠扬的细乐里，

亲手掀起了伊的红盖帕；

我曾著着银烛，

一壁撷着伊的凤钗，

一壁在伊耳边问道：

“认得我吗？”

朋友们啊！

当你们听我讲这些故事时，

我又在你们的笑容里，

认出了你们私心的艳羡。

三七

这比我的新人，

谁个温柔?

从炉面镂空的双喜字间,

吐出了一线蜿蜒的香篆。

三八

你午睡醒来,

脸上印着红凹的簟纹,

怕是练子锁着的

梦魂儿罢?

我吻着你的香腮,

便吻着你的梦儿了。

三九

我若替伊画像,

我不许一点人工产物

污秽了伊的玉体。

我并不是用画家底肉眼,

在一套曲线里看伊的美;

但我要描出我常梦着的伊——

一个通灵澈洁的裸体的天使!

所以为免除误会起见,

我还要叫伊这两肩上

生出一双翅膀来，

若有人还不明白，

便把伊错认作一只彩凤，

那倒没什么不可。

四〇

假如黄昏时分，

忽来了一阵雷电交加的风暴，

不须怕的呀，爱人！

我将紧拉着你的手，

到窗口并肩坐下；

我们一句话也不要讲，

我们只凝视着，

我们自己的爱力

在天边碰着，

碰出些金箭似的光芒，

炫瞎我们自己的眼睛。

四一

有酸的，有甜的，有苦的，有辣的。

豆子都是红色的，

味道却不同了。

辣的先让礼教尝尝！

苦的我们分着囫囵地吞下。

酸的酸得像梅子一般，

不妨细嚼着止止我们的渴。

甜的呢！

啊！甜的红豆都分送给邻家作种子罢！

四二

我唱过了各样的歌儿，

单单忘记了你。

但我的歌儿该当越唱越新，越美。

这些最后唱的最美的歌儿，

一字一颗明珠，

一字一颗热泪，

我的皇后啊！

这些算了我赎罪底菲仪，

这些我跪着捧献给你。

回来

1927年9月，闻一多应聘为南京第四中山大学外国文学系主任。工作安定后，他立刻将妻儿接了过来。经历了漂泊的生活，他异常珍惜眼前的团聚。这首诗充分反映了这时对妻、对家的深情。

我急忙的闯进门来，喘着气，
打算好了一盆水，一壶滚茶，
种种优渥的犒劳，都在那里：
我要把一天的疲乏交给她。
我载着满心的希望走回来，
那晓得一开门，满都是寂静——
什么都没变，夕阳绕进了书斋，
一切都不错，只没她的踪影。

出门了？怎么？……这样的凑巧？
出门了，准是的！可是那顷刻，

那彷徨的顷刻，我已经尝到
生与死间的距离，无边的萧瑟：
恐怖我也认识了，还有凄惶，
我认识了孤臣孽子的绝望。

（原载于《新月》第 1 卷第 3 期，1928 年 5 月 10 日）

出版后记

1.本书收入闻一多致妻子高孝贞（后改名为高真）的情书25封，这是现存的保留下来的情书；收入闻一多致父母家书7封，在这些家书中闻一多也不忘牵挂妻子的生活起居。

2.本书中的珍贵老照片、图片资料等由闻一多女儿闻名女士提供，在此深表谢意！

3.本书能够顺利出版，离不开已逾耄耋之年的闻名女士细致耐心的选编注解工作，以及闻黎明先生等闻家后人的鼎力支持，再次深表谢意！

4.据闻名女士回忆，当年父母的通信很多，但由于家中老人思想比较封建，很多信件都被毁了，保留下来的很少，实属遗憾。

5.这些书信写于20 世纪二三十年代，一些遣词造句、语法、表达结构、人名地名之类的翻译等与现在的写法、用法等有或多或少的差别，比如，照像和照相、消路和销路、事奉和侍奉、委曲和委屈、那里和哪里、利害和厉害、帐和账、恶梦和噩梦、案时和按时、象和像、索兴和索性、化和花、开消和开销、保卫身体和保重身体等；还有个别可能系作者笔误，如“渴了就对一点灌一杯”，结合上下文应为“渴了就兑一点灌一杯”等。在编辑过程中，我们尽量遵照手稿的原貌，对这些问题全部原汁原味地保留，目的就是力图为读者还原闻一多情书原貌。

6.为便于阅读，我们为每封信加了一个小标题，以方便读者更好地阅读。

7.“美丽情书”系列是一个成长中的图书出版项目，我们一直在探索和实践“原汁原味地反映民国大师情书原貌”和“当下语言文字阅读习惯与编校质量要求”两者之间平衡的“最优解决方案”，且一直在动态地调整与改善。上述处理方式若有不妥之处，敬请批评指正。

中国青年智库论坛办公室

（新青年读物工作室）